insel taschenbuch 4946
Maxine Wildner
Ein Abend mit Marilyn

AF138099

MAXINE WILDNER

EIN ABEND MIT MARILYN

ROMAN

Insel Verlag

Klimaneutral
Druckprodukt
ClimatePartner.com/14438-2110-1001

Erste Auflage 2022
insel taschenbuch 4946
Originalausgabe
© Insel Verlag Anton Kippenberg GmbH & Co. KG, Berlin, 2022
Umschlaggestaltung: Designbüro Lübbeke, Naumann, Thoben, Köln
Umschlagabbildung: Marilyn Monroe,
Illustration: Justin Maas, Salmon Arm, BC
Druck: C. H. Beck, Nördlingen
Printed in Germany
ISBN 978-3-458-68246-2

www.insel-verlag.de

NEW YORK CITY,
31. MAI 1962, 21.04 UHR

1

Sie war allein.

Das musste man doch einsehen, dass sie auch mal allein sein wollte. Aber ständig klingelte das Telefon. Marilyn ließ es klingeln, acht, zehn, fünfzehn Mal. Die Jungs gaben nicht auf, weil sie wussten, dass Marilyn zu Hause war. Sie hob ab und warf den Hörer auf die Gabel. Jetzt hatte sie ein paar Minuten Ruhe. So dreist war keiner, es gleich wieder zu versuchen. Zeit verging.

Die Zeit verging nicht, der Mensch verging. Hatte sie das gelesen oder war es ihr gerade eingefallen?

Marilyn trug ihr Pyjamaoberteil. In der weichen, samtigen Jacke lief sie gern zu Hause rum. Hätte sie jetzt jemand gesehen, wäre das Vorurteil wieder mal bestätigt gewesen: die Zurschaustellung! Alle glaubten, die Zurschaustellung sei ihr wahres Wesen. Vielleicht stimmte das sogar. Sie musste lachen: Ein blinder Freund wäre die ideale Lösung. Sie würde mit ihm reden und lachen, und das *Marilyn-Ding* bliebe draußen vor der Tür. Das Marilyn-Ding, der Fluch, ein Lustobjekt zu sein. Könnte man dem Fluch entgehen, ohne den Segen des Geliebtwerdens zu verlieren, das wäre eine perfekte Welt.

Das Telefon klingelte. Diesmal ging sie dran. »Ich habe dir gesagt: Ich bin in fünf Minuten fertig, also ruf mich nicht alle halbe Stunde an«, fauchte sie.

Ein Lachen am anderen Ende. Es hörte sich eher an wie das Quaken einer Ente. Nur ein Mensch auf Erden quakte beim Lachen wie eine Ente.

»Den Satz solltest du dir aufschreiben«, krächzte Billy Wilder ins Telefon. »Der wird mal berühmt.«

»Wie geht es dir, Billy?«, fragte sie ihren Lieblingsregisseur, der sie seinerseits seinen *Alptraum* nannte, manchmal auch *die grässlichste Schauspielerin, mit der er je gearbeitet habe.* Das war Billys Art, ihr seine Liebe zu zeigen.

»Mir geht es gut«, antwortete er. »Uns allen hier geht's gut, bis auf den Umstand, dass du nicht da bist.«

»Ich bin praktisch unterwegs.«

»Mit anderen Worten: Wir dürfen in etwa drei Stunden mit dir rechnen.«

»Das ist gemein, so etwas zu sagen.«

»Es ist die Wahrheit. Dein Rekord liegt bei fünf Stunden sechzehn Minuten.«

»Welcher Rekord?«

»So lange hast du mich mal warten lassen, bevor du zum Dreh erschienen bist.«

»Du übertreibst«, sagte sie und wusste, dass er recht hatte.

»Mir wäre es egal, aber Joe wird langsam sauer. Und wenn Mr DiMaggio sauer ist, fängt er an, andere Leute zu verprügeln. Ich möchte nicht in die Reichweite seiner Fäuste geraten.«

»Er hat mich auch verprügelt, wusstest du das?«

»Es war damals kaum zu übersehen.«

»Ehrlich? Ich hatte eine Sonnenbrille auf.«

»Eine dunkle Brille ist das deutlichste Zeichen, dass jemand verprügelt wurde. Als du an dem Morgen zum Dreh kamst, ist die Maskenbildnerin erschrocken. Dein Hals, deine Schultern, alles war gelb und grün.«

»Wenn Joe ein bisschen was getrunken hat, kann er sich so schlecht beherrschen.«

»Erzähl mir etwas Neues!«, lachte Billy. »Joe hat jede Nacht seit Erschaffung der Welt bisschen was getrunken.« Sie hauchte einen Kuss ins Telefon. »Ich beeil' mich.« Und legte auf.

Sie setzte sich aufs Bett und überlegte, warum sie sich noch nicht anziehen wollte. Weil die Nacht, von der Billy gesprochen hatte, eine verdammt beschissene Nacht gewesen und eine beschissene Erinnerung geblieben war. Sollten Erinnerungen nicht Dinge nachzeichnen, die Vergangenheit waren? Warum gehorchten Erinnerungen diesem Prinzip nicht? Sie durchbrachen Raum und Zeit und breiteten sich in der Gegenwart aus. Damit wurden sie ewig, quälten einen für immer und immer war eine sehr lange Zeit.

Die Sache mit der Zeit beschäftigte Marilyn. Sie streckte sich auf dem Bett aus. Solange die Zeit ihr solche Rätsel aufgab, konnte sie sich unmöglich anziehen.

Mitten in der Nacht flog eine Uhr durch die Luft. Die Taschenuhr ihrer Mutter. Mama hatte ihr nie viel Zeit geschenkt, stattdessen diese billige Taschenuhr. Die Uhr verschwand. Die Nacht blieb. Die heiße New Yorker Sommernacht, in der Billy seinen Film gedreht hatte. Sommer in Manhattan.

Ein Ehemann saß allein in seiner Upper-Westside-Wohnung, während seine Frau mit dem Sohn in die Ferien fuhr. Der Mann blieb im stickigen, feuchten Manhattan zurück, um zu arbeiten. Seine Wohnung hatte eine Klimaanlage, die Wohnung darüber aber nicht. Das war der ganze Konflikt: Eine junge Frau im ersten Stock beneidete den einsamen Ehemann für seine klimatisierte Wohnung. Die einfachen Storys waren die erfolgreichsten. Und Billy war der erfolgreichste Regisseur von allen.

Solange sie den Film im Studio drehten, lief alles wie am Schnürchen. Marilyn riss sich zusammen und kam nur manchmal zu spät. Aber dann brach die Nacht an, als die Crew auf die Straße musste, in die Wildnis Manhattans, wo die Wölfe heulten. Die Wölfe lauerten immer auf Marilyn, aber selten so schlimm wie in dieser Nacht.

Im Sommer 1954 flammten die Jupiter-Scheinwerfer auf. Billy hatte zusätzlich Strom legen lassen, um das zu ermöglichen. Die Straße vor dem Kino war heller erleuchtet als der Times Square. Es war heiß. Die Jungs liefen in Unterhemden herum, manche in kurzen Hosen. Überall Männer, wohin man sah, nichts als Männer. Polizisten sperrten die gegenüberliegende Straßenseite ab, wo die Fans herüberguckten. Der Kameramann ließ den Dolly ausprobieren. Die Schienen mussten besser justiert werden.

Der Regieassistent winkte Mr Ewell zu, es könne gleich losgehen. Mr Ewell winkte gutmütig zurück, er hatte keine Eile. Ewell war Marilyns Filmpartner, netter Mann, ein guter Komiker, sonst nicht besonders aufregend. Er sollte auch nicht aufregend sein, denn er spielte den Durchschnittsehemann. Ewell saß auf dem Stuhl, der seinen Namen trug. Er konnte seelenruhig dasitzen, keiner kümmerte sich um ihn. Auf dem Stuhl daneben stand ein einziges Wort: *Actress*. Hätte man Marilyns Namen draufgeschrieben, wäre der Stuhl geklaut worden. Ihr Stuhl war leer. Sie konnte sich unmöglich dort hinsetzen, weil sonst der Irrsinn losgebrochen wäre, wie er immer losbrach, wenn sie sich öffentlich zeigte.

Marilyn wartete in einer schwarzen Limousine mit getönten Scheiben. Billy gab ihr keinen Wohnwagen, weil die Wölfe sonst gewittert hätten, wo sie sich umzog, auszog.

Billy ließ sie in Kostüm und Maske in eine Limousine setzen, bis es so weit war. Der Maskenbildner tupfte an Marilyn herum.

Am Set wischte sich der Produzent des Films mit dem Taschentuch über die Stirn. Er vertrug die Hitze nicht, wollte bei dem Außendreh aber unbedingt dabei sein. Hinter ihm rollte der Kameraassistent das Maßband aus und stellte die Distanz von der Linse zum U-Bahn-Schacht fest. Der Kameramann justierte die Optik. Eine Frau am Straßenrand kaute Kaugummi. Eine einzige Frau unter all den Wölfen.

Der U-Bahn-Schacht war nicht echt. Er war mal echt gewesen, heute fuhr dort keine Subway mehr. Unter dem Gitter befand sich ein Hohlraum, gerade sechzig Inches hoch. Zwei Techniker buckelten da unten rum, damit es später so aussehen sollte, als ob die Subway durchbrauste.

»Siehst du sie?«, fragte der Mann am Ventilator.

Der Elektriker schielte nach oben. »Ich sehe nur die Sterne.« Er prüfte die Kontakte.

»Ich will wissen, ob sie schon da ist.«

»Irgendwo da oben muss sie sein«, schwärmte der Elektriker.

Plötzlich wurde es über ihnen strahlend hell. Alle Jupiter-Scheinwerfer wurden gleichzeitig gezündet.

»Jetzt muss sie da sein«, rief der Elektriker.

»Ich kann nichts sehen.« Der am Ventilator versuchte, ihn beiseitezuschieben.

Nicht nur die Scheinwerfer leuchteten, dachte Marilyn, während sie durch die getönte Scheibe nach draußen sah, auch die Männergesichter. Jedes Mal passierte das, wenn sie irgendwohin kam. Die Männergesichter begannen zu strahlen, wie Kinder, die den Weihnachtsbaum sahen. Ihre Augen wurden zu leuchtenden Christbaumkerzen.

Als sie ausstieg, kam Bewegung in die Wölfe. Die Männer winkten, schrien. Die meisten riefen nur *Hey!*, als wären sie Steinzeitmenschen. Sie wollten, dass Marilyn auf sie aufmerksam wurde, auf sie ganz speziell. All diese männlichen Planeten, und Marilyn war die Sonne, die sie bescheinen sollte.

Der Aufnahmeleiter beugte sich über das Gitter der falschen Subway. »Seid ihr so weit?«

Auch der Elektriker bekam die Christbaumaugen. »Ich war die ganze Zeit schon so weit.«

Marilyn verließ die Limousine. Die Wölfe heulten.

»Hey, Mädchen!«, schrie einer. »Du bist die Größte! Hey!«

»Treten Sie zurück, meine Herrschaften!«, rief der Aufnahmeleiter. »Bleiben Sie ruhig stehen, solange gedreht wird.«

Der erste Fotoblitz. Dutzende folgten.

»Keine Fotos mehr!«, befahl der Aufnahmeleiter.

In ihren weißen High Heels trat Marilyn auf das Gitter. Die Stöckel durften nicht zu breit, aber auch nicht zu schmal sein, damit sie nicht zwischen das Gitter rutschten. Marilyn stellte sich breitbeinig in Position.

Der Elektriker starrte hoch.

»Ich hoffe, du wirst nicht blind«, knurrte der am Ventilator.

»Wir drehen«, sagte der Aufnahmeleiter.

Marilyn konnte Billy nirgends entdecken, die Scheinwerfer waren zu hell. Aber irgendwo saß er, versteckt hinter dem Rampenlicht.

Der am Ventilator machte den Strom an. Langsam begann sich der Propeller zu drehen, ganz langsam. Auf der

Straße wurde es mucksmäuschenstill. Marilyn hatte angenommen, es würde laut, vulgär, obszön werden, aber das Gegenteil trat ein, gespenstische Stille. Die Männer mit den Weihnachtsbaumgesichtern und den Kinderaugen verstummten vor dem Mysterium. Was denn, Marilyns Hinterteil sollte ein Mysterium sein? Sie lachte still in sich hinein, beugte die Knie, hielt den Rock zwischen ihren Beinen fest und ließ ihn wieder hochwehen. Sie lachte, lachte in alle Richtungen. Ihr Schlüpfer saß ein bisschen knapp, der Plisseerock bauschte sich wunderbar. Alles geschah genau, wie Billy es geplant hatte. Er setzte auf Marilyns Geduld und ließ sie lange posieren, eine Stunde und mehr, immer wieder.

Zwischendurch, während er das Licht änderte, kehrte sie in die Limousine zurück. Da die Wölfe nun wussten, wo sie war, musste die Limousine so lange um den Block fahren, bis Marilyn wieder gerufen wurde. Der Ventilator kreiste, der Rock flog hoch, sie lachte, sie posierte.

Nach Drehschluss wurde sie in ihre Wohnung gebracht. Damals war sie noch mit Joe verheiratet gewesen. Er hatte bei den Dreharbeiten heimlich zugesehen. Ein *guter Freund* hatte ihm den Tipp gegeben, dass es da etwas zu sehen geben würde. Joe war genauso berühmt wie Marilyn, deshalb durfte ihn am Set niemand erkennen. Stundenlang sah er versteckt mit an, wie seine Frau ihren Rock hochfliegen ließ, wie ihr Schlüpfer immer wieder aufblitzte.

Als sie nach Hause kam, war er ziemlich betrunken. In dieser Nacht prügelte er sie grün und blau. Zwei Wochen später reichte sie die Scheidung ein. Nach nur zweihundertsiebenundvierzig Tagen Ehe.

***

Billy legte auf, schob das Telefon zum Barkeeper zurück und rückte seine Brille gerade, die ständig von der Nasenspitze zu rutschen drohte. Er machte sich auf den Weg zu dem großen Tisch in der hintersten Nische. Sonst, wenn sich Billy mit Studiobossen oder Freunden traf, wählte er lieber einen kleinen Tisch. Mit Schauspielern oder Schauspielerinnen traf er sich grundsätzlich nie. Schauspieler waren für ihn ein Gezücht, dem man sich nur auf dem Filmset näherte, wo man sie anschnauzen konnte. Sie waren wehleidige, selbstverliebte, sich selbst überschätzende Kreaturen. Billy wollte lieber eine Woche ohne Zigarren leben, als eine einzige Stunde mit Schauspielern zu verplempern.

Heute Nacht hätte die kleine Nische nicht gereicht. Neben Billy waren erst zwei Gäste erschienen, Paula und Joe, Marilyns Schauspiellehrerin und Marilyns Ex-Mann. Paula schwebte in den hehren Gefilden der Schauspielkunst, Joe war schon zu Lebzeiten eine Legende. Obwohl er seine Karriere vor Jahren beendet hatte, war er so berühmt, dass die Yankees bereits 1952, nach seinem Ausscheiden aus dem Profi-Baseball, entschieden hatten, dass nie wieder ein Spieler das Trikot mit der Rückennummer 5 tragen dürfe.

Das *Michael's* war ein beliebtes, dabei nicht überfülltes *Deli* in Midtown Manhattan, Ecke 37th Street und Broadway. Die Kellner trugen blassblaue Jacken mit schwarzem Revers. Alle Kellner hatten Brillen auf, und alle waren zu dick. Damit gaben sie den Gästen das angenehme Gefühl, dass auch sie am liebsten bei *Michael's* aßen. Ihn selbst sah man selten. Wenn Michael mal in seinem Reich auftauchte, sang er für die Gäste. Nicht weil er es konnte, sondern weil er annahm, ein italienischstämmiger Lokalbesitzer müsse singen. Er hatte eine unangenehme, schrille Stimme und durchschaute nicht, dass die Leute ihn beklatschten, damit er endlich aufhörte.

Die Broadwaytheater lagen gleich um die Ecke, an den Wänden hingen Fotografien von Broadwaygrößen. Pfeffer, Salz, Ketchup, Senf und Milch standen auf jedem Tisch bereit.

»Sie kommt«, gab Billy bekannt, als er den Tisch erreichte, und erntete einen genervten Blick von Joe.

»Das heißt also, sie ist noch nicht mal angezogen?«, seufzte er.

»Sie ist zumindest *guten Willens.*« Da keiner das witzig fand, kicherte Billy seinen Worten selbst hinterher.

»Was hat sie gesagt?« Joe saß vor einer Flasche Malzbier, an der er seit einer halben Stunde nuckelte. Er hatte angekündigt, keinen Tropfen Alkohol zu trinken, bevor Marilyn erschien. Billy hatte mit Joe gewettet, dass er das nicht durchhalten würde.

»Sie sagt, dass du sie verprügelt hast.«

Aus seelenvollen Augen sah Joe ihn an. »Dass sie das nicht vergessen kann. Immer wieder fängt sie davon an. Ich hab's nicht so gemeint, und das weiß sie. Was hast du darauf geantwortet?«

»Dass du sauer wirst, wenn sie nicht bald kommt.«

»Ich bin nicht sauer«, verteidigte sich Joe.

»Sobald du was getrunken hast, wirst du bestimmt sauer.« Billy biss die Spitze seiner Zigarre ab. »Das erinnert mich an den Mann, der über die Hotelpreise in New York sauer wurde. ›Haben Sie nichts Billigeres?‹, fragt der Mann an der Rezeption. – ›Wir haben ein Zimmer für zehn Dollar die Nacht, aber da müssen Sie Ihr Bett selbst machen.‹ – ›Das nehm ich‹, sagt der Mann. Da kriegt er einen Hammer, ein paar Bretter und Nägel in die Hand.« Billy musterte Joe und Paula. »Den findet ihr nicht lustig? Der kommt sonst immer an.«

»Fabelhaft«, antwortete Paula mit Leichenbittermiene.

»Wieso schaust du mich dann an wie ein geschlossenes Betonwerk?«

Paula trug Schwarz, sie trug immer Schwarz. Billy fand das ewige Schwarz an ihr affig. Einerseits strich sie damit heraus, eine ernsthafte Künstlerin zu sein, andererseits wurde sie ständig fetter und glaubte, in den schwarzen Klamotten merkte das keiner. »Joe hat auch nicht gelacht«, antwortete Paula.

»Weil Joe den Witz nicht versteht«, kicherte Billy.

»Lasst mich in Ruhe«, seufzte die Sportlegende. »Soll ich sie vielleicht noch mal anrufen?«, fragte er hoffnungsvoll.

»Das würde ich lassen. Du holst dir nur eine Abfuhr.« Billy spuckte die Zigarrenspitze zu Boden. Nicht gerade die feine Art, aber der Abend sollte nicht wegen seiner feinen Art in die Geschichte eingehen.

2

Diesmal klingelte es an der Tür. Am Klingelschild von Marilyns Apartment stand *Baker*, der Name, unter dem sie bei ihrer Geburt kirchlich registriert worden war. Sie schlich näher, um durch den Spion zu schauen, drehte sich aber noch einmal um. Die Nembutal-Tabletten und das Chloralhydrat standen im Wohnzimmer auf dem Couchtisch. Falls sie öffnete, sollte niemand die kleinen bunten Püppchen entdecken, mit denen sie sich den Tag angenehmer machte. Die Pillendosen landeten in der Schublade unter dem Fernsehapparat.

Auf Zehenspitzen erreichte Marilyn die Tür. Als sie ihr Auge vor den Spion presste, klopfte es so vehement, dass sie vor Schreck einen Schrei ausstieß.

»Schätzchen?«, sagte eine blecherne Stimme. »Ich weiß, dass du da bist.«

Sie rührte sich nicht.

»Mach auf. Ich kann nicht ewig auf dem Flur stehen.« Er schien zu lauschen. »Baby, mach jetzt bitte auf.«

Von den Brüdern hatte Bobby die unangenehmere Stimme. Er klang wie eine Trickfilmfigur aus den *Looney Tunes*. Dagegen war Jacks Stimme einschmeichelnd, er hatte einen samtigen Ton. Warum nahm Bobby keinen Sprechunterricht? Wenn man so häufig in der Öffentlichkeit reden musste, wären ein paar Stunden mit einem Lehrer nützlich.

Plötzlich wurde draußen gesungen. »*Happy birthday to you, happy birthday to you –*«

Marilyn riss die Tür auf. »Mein Geburtstag beginnt erst in drei Stunden!«

Mit einem einzigen Schritt betrat Bobby Kennedy, der Justizminister der USA, die Wohnung.

»Bist du extra für meinen Geburtstag nach New York gekommen?« Sie lachte.

»Natürlich, was denkst du denn?« Er schlug die Tür hinter ihnen zu.

Marilyn ließ sich nicht für dumm verkaufen. »Erzähl keinen Quatsch. Sag mir lieber, warum du wirklich da bist.«

Schmal und schlaksig stand er in der Tür. »Wir müssen reden, Marilyn.«

»Worüber?«

»Willst du mir nicht erst mal einen Drink anbieten?«

Als er die Hand an ihren Hals legte, fiel Marilyns Blick auf seine Armbanduhr. »Schon so spät? Ich muss los.«

»Wohin?«

»Zu meiner Party bei *Michael's*.«

»Musst du da wirklich hin?«

»Ich will meine Freunde nicht versetzen.«

Das brachte ihn zum Lachen. »Das ist der Witz des Jahres: Marilyn Monroe nimmt sich vor, jemanden *nicht* zu versetzen. Im *Who's Who* Amerikas gibt es kaum jemanden, bei dem du das nicht schon getan hast.«

Sie setzte das Lächeln auf, das zu ihrem *Marilyn-Ding* gehörte. »Ich war zwar schon auf vielen Kalendern, bin aber trotzdem nie pünktlich. Und jetzt ziehe ich mich an.« Erhobenen Hauptes lief sie ins Ankleidezimmer.

Er wandte sich zur Hausbar. »Dann mache ich mir meinen Drink eben selbst. Willst du auch etwas?«

»Danke, mir geht's gut!«, rief sie von drüben.

»Das habe ich nicht gefragt. Ich möchte wissen, ob du einen Bourbon möchtest?«

Sie steckte den Kopf durch die Tür. »Mir geht's gut, weil ich heute noch *keinen* Bourbon hatte.« Die Pyjamajacke stand offen.

»Wow. Findest du das nicht riskant, so vor mir herumzulaufen?«

»Angeber.«

Er hatte die Karaffe in der Hand. »Wieso?«

»Es ist nach neun. Du bist nicht der Mann, der um neun Uhr abends Liebe macht.«

»Woher willst du das wissen?«

»Du bist ein Tages-Lover, Bobby. Wenn es Abend wird, schlüpfst du lieber bei Ethel unter die warme Decke.«

Er trank sein Glas in einem Zug leer. »Ich könnte heute eine Ausnahme machen.«

»Ich muss los.« Sie huschte nach drüben.

***

»Kennt ihr das Gefühl, wenn ein Apfel so süß ist, dass man jeden Bissen mit Ehrfurcht genießt?« Joe war nicht berühmt dafür, philosophisch zu werden. Berühmt hatten ihn die 361 Home Runs für die Yankees gemacht und seine 56 Hits in 56 aufeinanderfolgenden Spielen. Es galt als die größte Leistung, die jemals beim Baseball erzielt wurde. Versonnen saß er bei seinem zweiten Malzbier.

»Mit dem süßen Apfel meinst du Marilyn und mit dem Apfelesser dich?« Billy wusste, dass Joe an diesem Abend in Gefahr war, das heulende Elend zu kriegen.

»Jeder redet nur davon, wie sexy Marilyn ist. Klar, ihr Sex

ist groß und mächtig und überwältigend, aber darüber hinaus besitzt sie diese Süße. Man fühlt sich in ihrer Nähe einfach erfrischt.«

»Oder genervt.« Billy zwinkerte durch die Brille.

»Genau wegen ihrer Süße wird Marilyn geliebt. Ob Truckfahrer, Supermarktverkäufer oder Zahnarzt, alle verlieben sich in dieses Mädchen, weil sie so süß ist.«

»Baseballspieler machen da keine Ausnahme.« Billy lächelte warmherzig. »Du vergisst nur eines: Als ihr euch kennengelernt habt, stand sie am Anfang ihrer Karriere, aber jeder wusste längst, wer du bist. Die meisten glaubten, Marilyn wäre nur eine weitere Feder an deinem Hut.«

»O Gott, nein. Wir zwei waren …«

»Ihr wart Mr und Mrs America 1952! Die Presse hat sich in diese perfekte Verbindung verliebt. Und auch du warst in die Perfektion eurer Beziehung verknallt.« Billy merkte, dass seine Zigarre ausgegangen war.

»Was willst du damit sagen?«

»Dass euer Glück nur so lange dauerte, bis du Marilyn besser kennengelernt hast. Plötzlich war sie nicht mehr die Sexgöttin, das Idol von Millionen, sondern das Nervenbündel, das wir alle kennen, die Neurotikerin, die ohne Medikamente nicht leben kann.«

Joe hielt Billy die Bierflasche wie eine Pistole unter die Nase. »Ich will nicht, dass du so über sie sprichst. Alle sagen so dumme Sachen: dass ich auf eine Göttin reingefallen und später draufgekommen sei, dass sie ein Dämon war.«

Billy ließ sich vom Kellner Streichhölzer geben. »Denk an euer erstes Date. Marilyn hat ihre Presseagentin gebeten, ein *Blind Dinner* mit dir zu verabreden. Und du bist sehenden Auges in die Falle getappt.«

Joe nickte versonnen. »Ich war überwältigt. Habe wie ein Pennäler dagesessen und kein Wort herausgebracht.«

»Gerade in deiner Schweigsamkeit hat die ewig unsichere Marilyn ein Zeichen von Stärke gesehen. Du hast sie schwer beeindruckt.«

»Hinterher hat sie mich heimgefahren. Im Auto hat sie mich gefragt, ob sie noch zu mir hochkommen darf. Das war mir aber doch zu viel. Das konnte ich nicht – nicht am ersten Abend.«

»Wirklich?« Billy schob die Brille hoch und musterte Joe wie einen Käfer unter der Lupe. »Da habe ich etwas anderes gehört. Es heißt, dass du in dieser Nacht gar nicht nach Hause gekommen bist.«

Joe setzte sein unschuldiges Dackelgesicht auf. »Na ja, zu mir fahren wollte ich nicht, mich von ihr trennen wollte ich aber auch nicht. Also sind wir zu ihr gefahren.«

»Und dort *konntest* du?« Billy quäkte das Entenlachen.

»Du kennst Marilyn. Keiner kann ihr widerstehen.« Joe winkte nach dem Kellner. »Scotch«, sagte er. »Einen Doppelten.«

Paffend sah Billy der Rauchwolke hinterher. »Ihr wart das perfekte Paar: Das war euer Verhängnis.«

»Warum?«

»Weil Marilyn Perfektion nie für längere Zeit erträgt.«

Lächelnd präsentierte Joe die Lücke zwischen seinen Vorderzähnen. »Wisst ihr, was sie zu mir gesagt hat? *Von all deinen Unvollkommenheiten mag ich deine Zahnlücke am liebsten.*«

Der Kellner brachte ihm den Drink.

Insgeheim freute sich Billy, weil er die Wette gewonnen hatte. »Ja, auf so etwas steht sie.«

»Auf Zahnlücken?«

»Auf Unvollkommenheit. Die ganze Welt ist verrückt nach Marilyn. Selbst in den entlegensten Gegenden, wo ihre Filme nicht gezeigt werden, kennt man ihren Namen und ihr Bild. Das Haar, das Lächeln, die verhangenen Augen, die Figur, alles an ihr ist perfekt. Trotzdem glaubt sie von sich selbst, dass sie das unvollkommenste Wesen sei.«

Paula Strasberg hatte bisher kaum etwas gesagt. Jetzt mischte sie sich ein. »Unvollkommenheit ist Schönheit. Perfektion ist Stillstand.«

»Was soll das heißen?«

»Eine Statue von Michelangelo ist perfekt, aber sie wird sich nie weiterentwickeln. Marilyn will keine Statue sein. Sie entwickelt sich ununterbrochen weiter.«

Billy zog an der Zigarre. »Muss sie sich deshalb dauernd selbst fertig machen, bei jeder Rolle, jedem Film?«

»Das nennt man Arbeit am Charakter«, dozierte Paula. »Nichts, was einfach ist, kann gut sein. Die Qualität liegt im Komplizierten.«

»Bullshit«, knurrte Billy. »Die einfachsten Schauspieler sind die besten, weil sie keine Schnörkel und Arabesken brauchen. Alles andere ist gequirlter Mist.«

»Willst du behaupten, Marlon Brando spielt gequirlten Mist?«

»Marlon war schon fantastisch, bevor er in euer Actors Studio kam. Ihr habt ihn mit eurem *Method Acting* nicht kaputt gemacht. Bei Marilyn ist das anders. Sie ist derart zerfressen von Selbstzweifeln, dass eure *Methode* ihre Zweifel nur verstärkt.«

Paula hob gebieterisch die Hand. »Ich gebe Marilyn Kraft, indem ich ihr die unterschiedlichen Möglichkeiten einer Rolle aufzeige.«

»Du gibst ihr nur die Möglichkeit, ihre Neurosen schamlos auszuleben, weil du ihrer Hysterie den Anstrich von Künstlertum verleihst. Sie nützt dich aus, meine Liebe. Der Scharlatan bist nicht du, es ist Marilyn.«

»Es ist unerhört, so etwas zu sagen«, empörte sich Paula.

»Heute ist genau der richtige Abend, um so etwas zu sagen. Wir feiern Marilyns sechsunddreißigsten Geburtstag. Das ist von Bedeutung: Sechsunddreißig ist ein heikles Alter für eine Frau in Hollywood.«

»Nicht, wenn man eine große Schauspielerin ist wie sie.«

»Marilyn ist gut, sie ist sogar ausgezeichnet. Trotzdem bin ich gespannt, wie sie damit umgeht, wenn die Jüngeren nachrücken. Denn das tun sie bereits. Zum Beispiel Ann-Margret, Audrey Hepburn und die Tochter von Henry Fonda, wie heißt sie noch?«

Paula machte eine wegwerfende Geste. »Du kannst diese Filmsternchen doch nicht mit Marilyn vergleichen.«

Für Paula war es ungewohnt, ihre Argumente verteidigen zu müssen. Billy war ihr zu vulgär und zu schlagfertig. Paula mochte Menschen, die ihr andächtig zuhörten. Sie sprach gern über die großen, letzten Dinge: Trauer, Schmerz, Tod, Einsamkeit und Kindheitsprobleme. Meistens war sie umringt von gläubigen Anhängern der Lehre ihres Mannes Lee Strasberg und brachte sein Evangelium unters Volk.

Die älteren, traditionellen Schauspieler belächelten das *Method Acting*. Mittlerweile wuchs aber eine Generation junger Künstler und Künstlerinnen heran, die begierig auf Strasbergs Lehre waren. Aus einigen seiner Schüler waren Stars geworden. Seit Marlon Brando und Montgomery Clift die Schule besucht und einen kometenhaften Aufstieg gemacht hatten, galt Paulas Mann als Zauberer.

Lee Strasberg nahm 120 Dollar pro Unterrichtsstunde, eine ungeheure Summe für die armen Teufel, die als Kellner in Los Angeles ihren Lebensunterhalt bestritten. Bei Paula war es mit 80 Dollar etwas billiger. Sie unterrichtete vorwiegend junge Frauen. Als Marilyn allmählich zu *Marilyn* wurde, als sie Lauren Bacall, Jane Russell und Betty Hutton als Sexsymbol ablöste, war sie zu den Strasbergs gekommen. Sie durchschaute, mit welchen Rollen die Studios sie besetzten und immer weiter besetzen würden. In *All about Eve*, ihrem ersten größeren Film an der Seite von Bette Davis, hatte sie das süße Blondchen mit den Kulleraugen und den verführerischen Kurven gespielt. Daran änderte sich auch nichts, als ihre Rollen größer wurden. Selbst Billy Wilder, der die Komikerin in ihr entdeckte, besetzte sie mit klischeehaften Frauenfiguren.

Alles, was Marilyn in der Öffentlichkeit tat und sagte, wurde von Männern bestimmt. Studiobosse, Produzenten, Regisseure formten das Bild der Schauspielerin. Dem wollte sie einen Riegel vorschieben, indem sie bewies, dass sie eine ernst zu nehmende Schauspielerin sein konnte, und dafür brauchte sie die Strasbergs.

Paula berechnete ihr nicht 80, sondern 500 Dollar die Stunde, stand ihr dafür aber auch Tag und Nacht zur Verfügung. Jedes Mal, wenn Marilyn bei der Vorbereitung einer Rolle Hilfe brauchte, selbst noch während der Dreharbeiten ließ sie Paula rufen.

Wenn bei den Strasbergs das Telefon um vier Uhr morgens klingelte, drehte sich Lee auf die andere Seite und knurrte: »Es ist für dich.« Man konnte sicher sein, es war Marilyn. Schließlich zog Paula während eines Filmdrehs einfach ganz zu ihrem Schützling. Sie schlief im Nebenzimmer und ging mit Marilyn Tag und Nacht die Rolle durch, die Gedanken, die dem Text nach Paulas Meinung zugrunde lagen. Sie nannte das die *Meta-Ebene*. Marilyn wurde süchtig nach dieser Meta-Ebene und wollte selbst in simple Sätze eine tiefere Bedeutung hineindeuten.

»*Ich treffe ihn um Viertel vor neun*«, las sie Paula aus dem Skript vor. »Was will ich damit sagen?«

Jede normale Schauspiellehrerin, die nicht 500 Dollar die Stunde verlangte, hätte darauf geantwortet: »Das bedeutet, dass du ihn um Viertel vor neun triffst.«

Doch Paula setzte in diesem Fall ihre Künstlerkapuze auf und machte ein problematisches Gesicht, was auf eine bedeutungsvolle Antwort schließen ließ. »Denk an deine Mutter«, erwiderte sie. »Was hätte deine Mutter dazu gesagt, wenn du diesen Mann um Viertel vor neun triffst?«

»Verstehe, was du meinst.« Marilyn legte die Stirn in Falten.

»Und warum ausgerechnet um *Viertel vor* neun?«, setzte Paula nach. »Hast du darüber mal nachgedacht?«

Marilyn hatte nicht darüber nachgedacht.

»Dieser Mann will dich um *Viertel vor* treffen, weil er weiß, dass neun Uhr keine seriöse Zeit mehr wäre, um sich mit einem hübschen jungen Mädchen zu verabreden. Er verschleiert seine wahren Absichten, indem er *Viertel vor* vorschlägt. Dieser Mann hat etwas zu verbergen, und du solltest herausfinden, was das sein könnte.«

»Er ist ein alter Polizist«, entgegnete Marilyn verwirrt. »Er will mir Fragen zu dem Mordfall stellen.«

»Umso schlimmer«, fuhr Paula sie an. »Warum will ein alter Mann dich so spät treffen? Nur um dir Fragen zu stellen?«

Dann kam Marilyn ins Grübeln. Sie liebte es, zu grübeln. Die Regisseure liebten das weniger, es machte sie wahnsinnig. Marilyn brachte sie an den Rand ihrer Geduld: Es kostete viel Geld, wenn Marilyn in der Garderobe blieb, weil sie nicht wusste, wie sie den Satz *Ich treffe ihn um Viertel vor neun* spielen sollte. Wenn schließlich der Regieassistent bei ihr klopfte, später der Regisseur oder der Produzent, schob Marilyn Paula als Schutzschild vor. Dann trat Paula vor die Tür und sagte: »Sie ist noch nicht so weit.«

***

Billy kam von der Bar zurück. Er hatte Zahnstocher und Drinks für sich und Joe geholt.

»Du und Marilyn, ihr wurdet von der amerikanischen Medienmaschine zu überlebensgroßen Figuren stilisiert.« Er stellte den Scotch vor Joe ab. »Im Inneren der Kultfiguren, die man aus euch gemacht hat, sind aber zwei kleine, einsame Menschen, die Angst davor haben, durchschaut zu werden. In eurer Einsamkeit seid ihr so etwas wie Brüderlein und Schwesterlein gewesen. Bedauerlicherweise hast du darauf bestanden, dass ihr auch noch Mann und Frau sein sollt, Joe. Als ihr geheiratet habt, erzählte Marilyn einem Reporter, dass sie die perfekte Ehefrau sein werde.«

Joe seufzte. »Sie wollte meine Hemden bügeln und das Abendessen kochen. Sie hat sogar schon begonnen, das Kinderzimmer für unseren Sohn, Joe junior, einzurichten. Sie wollte sechs Kinder mit mir haben.«

»Und im selben Jahr hat sie mit mir *Das verflixte 7. Jahr* gedreht und noch zwei weitere Filme.« Billy stieß mit Joe an. »Sie hätte das Filmgeschäft für eure Ehe nie aufgegeben.«

3

Inzwischen musste es zehn Uhr sein. Bobby lag neben Marilyn und hatte ein Glas Bourbon auf seiner Brust stehen. »Es ist nicht einfach, das zu besprechen.« Er strich die Linie ihres Rückens entlang.

»Versuch's doch einfach.«

»Wir sollten über die dummen Sachen reden, die du neulich am Telefon gesagt hast.«

»Wir haben in letzter Zeit nicht miteinander telefoniert.«

»Nicht, was du zu mir gesagt hast, Schätzchen, sondern zu Mr Slatzer, deinem Verflossenen.«

»Woher willst du wissen, dass ich mit Robert telefoniert habe?«

»Ich weiß es, und das muss genügen. Du hast gesagt: Wenn du nicht bald ein Lebenszeichen von mir oder Jack kriegst, gibst du eine Pressekonferenz und lüftest das Geheimnis über die verdammten Kennedy-Boys.«

»Das habe ich nie gesagt.« Sie schob seine Hand beiseite. »Ich habe bestimmt nicht *verdammte Kennedy-Boys* gesagt.«

»Ich habe eine sehr deutliche Tonbandaufzeichnung davon, Marilyn.«

»Du lässt mein Telefon abhören?« Erschrocken zog sie sich auf die andere Bettseite zurück.

»Ich bin der Generalstaatsanwalt der USA. Was glaubst du, was ich den ganzen Tag mache?« Als sie über den Scherz nicht lachte, strubbelte er sein Haar. »Aber wie du siehst, bin ich heute hier. Du hast also ein Lebenszeichen von den Kennedy-Boys bekommen. Und Jack bittet mich, dir klarzumachen, dass es so nicht weitergeht, Marilyn.«

»Was geht nicht weiter?«

»Er steht mitten im Wahlkampf. Was er im Augenblick am wenigsten brauchen kann, ist ein Schuss von Marilyn Monroe unter die Gürtellinie.«

»Bei Jack passiert alles unter der Gürtellinie«, gab sie zurück.

Bobby zog ein zweites Kissen unter seinen Kopf. »Jack ist kein Heiliger und ich ebenfalls nicht, das wissen wir. Aber Spaß ist Spaß und Politik ist Politik.«

»Ausgerechnet du redest von Spaß?« Sie fischte nach ihrem Laken. »Du sollst doch der Typ sein, der nicht trinkt, nicht raucht und seine Frau nicht betrügt.«

»Hör auf, Schätzchen.«

»Wenn ich mir dein leeres Glas ansehe, kann das mit der Abstinenz nicht stimmen. Und wenn ich an die letzten Minuten denke, hört sich das mit der Treue zu deiner Frau, die dir acht Kinder geschenkt hat, auch nicht glaubwürdig an.«

Er rutschte zu ihr hinüber und ließ seinen Kopf auf ihre Brüste sinken. »Schuldig, in allen Anklagepunkten schuldig, Euer Ehren«, flüsterte er. »Aber rauchen tue ich wirklich nicht.«

Sie streichelte seine Wange. »Als ich dich kennengelernt und erfahren habe, was du für ein Mustergatte bist, dachte ich: Der Junge kann unmöglich Jacks Bruder sein.«

»Ich bin genauso wenig ein typischer Generalstaatsanwalt, wie du eine typische Schauspielerin bist.«

»Ich bin eine ganze Menge.« Sie krallte sich in seinem Haar fest. »Nur *typisch* bin ich ganz bestimmt nicht.«

»Als ich dich nach der Party bei Lawfords heimgebracht

habe −«, er küsste ihre Brüste, ihre Schulter, den Hals, »da sagtest du, ich solle dir helfen, ein Feuer im Kamin zu machen. Ein schönes großes Feuer, damit du all deine Klamotten ausziehen kannst.«

Ihr Griff wurde fester. »Du wolltest deinen Fahrer nicht wegschicken, weil der US-Justizminister unmöglich ein Taxi hätte nehmen können.«

Seine Zunge liebkoste ihr Ohr. »Und du hast gesagt: Für mich wird der Justizminister ein Taxi nehmen müssen.«

»Du hast aber kein Taxi genommen.« Sie berührte sein Glied.

»Nein.«

»Du hast dem Fahrer gesagt, er soll einen Block entfernt parken und warten.«

»So ist es gewesen.« Er stöhnte.

»Der arme Kerl.« Sie rutschte tiefer. »Er hat die ganze Nacht auf dich gewartet.«

»Bitte lass das.« Bobby zog sich zurück. »Du hast meinen Bruder letzte Woche fünfzehn Mal angerufen.«

»So oft bestimmt nicht.« Irritiert zog Marilyn das Laken über ihren Körper.

»Fünfzehn Mal. Und jedes Mal hast du größeren Unsinn geredet, sagt Jack.«

»Ich hatte ein bisschen was getrunken.« Sie zog das Tuch hoch bis zum Hals.

»Weißt du nicht, dass die Gespräche im Weißen Haus registriert werden? Weißt du nicht, dass die First Lady sich im selben Gebäude aufhält wie Jack?«

»Das Weiße Haus ist riesig.«

Er griff zur anderen Seite und tastete nach seiner Jacke. »Ist dir klar, was du zu Jack gesagt hast?«

»Keine Ahnung.«

»Du sagtest: Es sei deine patriotische Pflicht, mit dem Präsidenten zu schlafen, da du ein guter Soldat im Heer des Präsidenten sein willst.«

Sie kicherte. »Genau so habe ich es auch gemeint, Bobby. Wenn ich ein guter Soldat sein will, kann ich schließlich nicht den *Marines* beitreten.«

Er nahm etwas aus seiner Jackentasche. »Ich soll dir das zurückgeben.« Er legte eine goldene Armbanduhr aufs Bett.

»Wieso darf ich Jack keine Uhr schenken?«

»Weil jedes Präsent für den Präsidenten geprüft und registriert wird.« Er zeigte Marilyn die Unterseite. »Vor allem, wenn die Uhr mit den Worten graviert ist: *For Jack, with love always, Marilyn!* – Hast du den Verstand verloren?«

»Ich wollte ihm eine Freude machen.«

»Jack hat vorgeschlagen, dass ich die Uhr einschmelzen lasse, damit sie endgültig verschwindet. Ich bringe sie dir zurück, damit du kapierst, in welche Gefahr du unseren Präsidenten bringst.«

»Kann Jack mir das nicht selbst sagen? Warum ruft er mich denn nicht an?«

»Das ist unmöglich.« Bobby stand auf und schlüpfte in seine Sachen. »So ein Anruf würde im Logbuch des Weißen Hauses festgehalten werden.«

Marilyn sah zu, wie aus ihrem Liebhaber wieder der Justizminister wurde. »Wenn ihr beide mich so sehr verabscheut, wieso hast du mich dann gerade gevögelt, Bobby?«, fragte sie nüchtern.

»Weil du das Bezauberndste und Aufregendste bist, was ein Mann im Bett haben kann. Weil du unwiderstehlich bist, Marilyn. Auch ich kann dir nicht widerstehen. Aber gleichzeitig lebe ich in der realen Welt, Schätzchen. In meiner Welt regen sich Ehefrauen darüber auf, wenn ihr Mann mit dem Sexsymbol des Planeten schläft. In meiner Welt verliert der amerikanische Präsident die nächsten Wahlen, wenn das bekannt wird.«

Marilyn schlang das Laken um sich und schlüpfte aus dem Bett. »Dein Bruder hat mir versprochen, dass er Jackie verlassen wird.«

»Nein, Marilyn, das hat er nicht.«

»Er macht mich zu seiner Frau, hat er gesagt.«

»Er hat nie irgendetwas in der Art gesagt. Das sind alles nur deine Hirngespinste.«

»Warst du dabei? Du warst nicht dabei, als er mich gefickt hat, dort gegen die Wand gelehnt. Und dabei hat er mir diese Versprechungen gemacht.«

»Hör auf zu träumen!«

Ein Schritt, und Marilyn stand vor ihm. Sie schlug Bobby ins Gesicht.

Er zuckte kaum zusammen. »Ich weiß, du glaubst, das alles wäre real, Marilyn. Aber was Jack in leidenschaftlichen Momenten sagt und was er wirklich meint, sind zweierlei Dinge. Du bist ein unfassbar schönes, talentiertes Mädchen. Du solltest dich mehr auf deine Karriere konzentrieren.«

»Meine Karriere?« Sie taumelte zur Seite. »Heute Nacht werde ich sechsunddreißig. Das bedeutet, ich bin nur noch vier Jahre von der grauenerregenden Zahl mit der Vier und der Null entfernt. Diese Zahl ist nicht gerade hilfreich für ein Sexsymbol. Denkst du, ich beobachte die Frauen nicht, die ein ähnliches Schicksal hatten und was aus ihnen wurde? Joan Crawford, Katharine Hepburn, Betty Grable – was sind sie heute?«

»Hervorragende Schauspielerinnen.«

»Sobald die erbarmungslose Vier in ihr Leben tritt, sind sie gezwungen, ältere Frauen zu spielen. Und du verlangst von mir, ich soll mich auf meine Karriere konzentrieren?«

»Bei diesem Problem kann dir der Präsident der Vereinigten Staaten aber auch nicht helfen.«

»Das will ich von ihm selbst hören!« Marilyn ließ das Laken fallen, rannte zum Telefon und drehte die Wählscheibe.

Bobby setzte ihr nach, entriss ihr den Apparat und schleuderte ihn quer durchs Zimmer. »Lass Jack endlich in Ruhe!«

»Das nützt euch auch nichts, euch Kennedys!«, schrie sie wütend. »Jeder in der Stadt weiß über Jack und mich Bescheid.«

»Und deshalb darfst du ihn nicht mehr sehen«, entgegnete er ruhig. »Es ist vorbei, Marilyn. Du musst ihn vergessen. Es gibt keine Zukunft für dich und Jack.«

»Bobby, ich …«

»Hör mir bitte genau zu: Wenn du noch einmal versuchst, den Präsidenten zu erreichen, werden wir gegen dich vorgehen. Wir werden beweisen, dass Jack unschuldig ist und dass du diejenige bist, die seine Ehe zerstören will. Wir werden beweisen, dass du versucht hast, den Präsidenten zu erpressen. Danach wird dich kein Studio mehr engagieren, niemand darf mit dir arbeiten, ohne Schwierigkeiten mit der Regierung zu bekommen.«

Bobby warf die Jacke über seine Schulter. »Es ist vorbei, Schätzchen. Gute Nacht.«

***

An der Bar im *Michael's* legte Joe den Hörer auf und kehrte an den Tisch zurück.

»Bei Marilyn geht keiner dran«, gab er bekannt. »Es klingelt nicht mal mehr. Die Leitung ist gestört.«

»Von einer Minute zur anderen soll die Leitung plötzlich gestört sein?« Billy legte die Zigarre in den Aschenbecher, entfaltete seine Serviette und stopfte sie in den Hemdkragen. »Sie hat den Stecker gezogen, so wird es sein.«

»Warum sollte sie das tun? Sie weiß, dass wir auf sie warten.«

Billy lachte hell. »Kein Mensch kann sagen, warum Marilyn etwas *tut*, am allerwenigsten sie selbst.« Genießerisch betrachtete er den Teller vor sich. »Lass gut sein, Joe. Wir essen jetzt. Wenn sie nicht kommt, kommt sie eben nicht. Dann stoßen wir ohne sie auf ihren Geburtstag an.«

»Das wäre schrecklich.« Joe beobachtete, wie Billy mit den Fingern Spareribs zu essen begann.

Im Hintergrund ging die Tür auf, Straßenlärm drang herein. Der größte Schauspieler seiner Zeit trat ein. Während Billy und Joe in ihren Alltagsklamotten zu *Michael's* gekommen waren, trug dieser Mann einen dunkelblauen Anzug, eine beige Krawatte und einen leichten Übermantel. Sein Haar wirkte frisch geschnitten, der britische Schnauzbart war säuberlich gestutzt.

Billy bemerkte den Eintretenden als Erster. Ohne die Serviette abzunehmen, lief er dem Gentleman entgegen. »Ach, sieh mal an! Bist du tatsächlich vom Olymp zu uns herabgestiegen, Larry?«

»Guten Abend«, sagte Sir Laurence Olivier. »Bin ich zu spät?« Ein Blick zu dem Tisch in der Nische. »Natürlich bin ich nicht zu spät. Sie ist noch nicht gekommen.«

»Das war vorauszusehen.« Billy grinste. »Guten Abend, Sir Laurence. Was hat dich nach New York verschlagen, etwa Marilyns Geburtstag?«

»Ach wo. Ich soll hier PR machen, alter Junge. *Term of Trial* läuft im August in den Kinos an. Da muss ich die Werbetrommel rühren.«

»Lohnt es sich denn?«

Larry zuckte die Schultern. »Es ist ein redseliger Film geworden. *Spülsteinrealismus*, wenn du's genau wissen willst. Aber angeblich ist das jetzt angesagt.«

»Entschuldige, dass ich dir nicht die Hand gebe.« Billy hielt seine fettigen Finger hoch. »Die Spareribs sind übrigens zu empfehlen.«

»Guten Appetit.«

Billy brachte Sir Olivier an den Tisch. »Unseren Gast brauche ich euch wohl nicht vorzustellen«, sagte er. »Larry, das ist Joe.«

»Angenehm.« Sie nickten einander zu.

»Und das ist …« Billy zeigte auf die andere Seite des Tisches.

»Paula und ich kennen einander«, sagte Sir Laurence frostig.

»Woher?«

Larry zog den Mantel aus und nahm Platz. »Wenn ich euch das erzähle, werdet ihr es kaum glauben.«

Paula schwieg schmallippig.

Larry bestellte Bier und Chips. »Entschuldigt, ich wollte eure Reminiszenzen an Marilyn nicht unterbrechen.«

»Das tust du nicht«, sagte Billy. »Wenn man über Marilyn spricht, kommt man nie an ein Ende.«

»Wohl wahr.« Laurence lockerte seine Krawatte. »Ich hoffe, ihr habt genügend Zeit mitgebracht. Denn meine Geschichte könnte ein wenig länger dauern.«

Billy griff bei den Spareribs zu. »Marilyn ist noch nicht da, und wann sie kommt, das weiß der Himmel. Wir haben alle Zeit der Welt.«

Sir Laurence lehnte sich zurück. »Was ich euch jetzt erzähle, ist die verrückteste Marilyn-Story überhaupt.«

LONDON, HERBST 1957

4

»Guten Morgen, Sir Laurence«, begrüßte der zweite Assistent den Gründer und Produzenten der *Laurence Olivier Productions*, mit Standort an der feudalen Adresse Piccadilly 144.

Larry gab ihm Hut und Mantel und ging weiter ins Büro seines Produktionsleiters. »Es ist praktisch unmöglich, Miss Monroe zu erreichen«, sagte er beim Eintreten.

Der Produktionsleiter schob ihm zwei Listen hin. »Wir haben noch einige Technikerjobs für den Film zu besetzen, Sir. Hier sind meine Vorschläge.«

»Es wird so lange keinen Film geben, bis Miss Monroe ihren weltberühmten Hintern über den Atlantik bewegt, Herman.«

»Vielleicht hat das weniger mit Miss Monroes Hinterteil zu tun als mit ihrem Ehemann, Sir«, erwiderte der Produktionsleiter.

»Erhellen Sie mich mit Details.«

»Das Komitee für antiamerikanische Umtriebe will Mr Millers Pass konfiszieren. Er darf das Land nicht verlassen.«

»Warum, in Himmels Namen?«

»Arthur Miller ist bekennender Kommunist. Das ist in den USA gleichzusetzen mit Pest und Cholera. Und falls er nicht ausreisen darf, kommt auch Marilyn nicht nach England.«

»Ich spreche morgen mit Lord Escroyne, er ist mit dem amerikanischen Botschafter befreundet.« Larry legte die

Listen nebeneinander. »Bitte regeln Sie das mit den Jobs, Herman. Ich verlasse mich auf Sie. Ich möchte jetzt die Muster sehen.«

»Beatrice erwartet Sie im Vorführraum.«

Voller Elan lief Larry zu einer Tür im Hintergrund. Gemeinsam mit Beatrice Dawson nahm er im kleinen Kinosaal Platz. Es war das erste Mal, dass er mit dieser Kostümbildnerin zusammenarbeitete, sie war ihm von seiner Frau empfohlen worden. Beatrice hatte in *Cesar and Cleopatra* den Schmuck für Vivien Leigh entworfen.

Die Leinwand wurde hell. Auf den Filmschnipseln posierte Marilyn in einem hellen Kleid der Jahrhundertwende. Sie lächelte in die Richtung, wo Sir Laurence hinter der Kamera gestanden hatte.

Beim Betrachten der Muster verdrehte Larry die Augen. »Gott, wie schrecklich.«

»Gefällt Ihnen das Kleid nicht?«, fragte Beatrice.

»Das Kleid ist splendid. Mir gefällt der Quatsch nicht, den ich während der Probeaufnahmen gesagt habe, damit Marilyn wenigstens ein bisschen in Stimmung kam.«

Er und die Kostümbildnerin hörten ihn Dinge rufen wie: »*Das ist absolut hinreißend, Marilyn. Drehen Sie sich einmal im Kreis. Ich danke Ihnen im Namen der Kunst. Die Kamera ist hingerissen von Ihnen, mein Darling.*«

»Abschalten!«, rief Larry. »Schalten Sie den Mist um Gottes willen ab.«

Die Leinwand wurde dunkel. Das Licht ging an.

***

Als Vorhut reiste Marilyns Agent nach England und ließ sich das Haus zeigen, das für die Unterbringung des Weltstars gefunden worden war. Es hatte zunächst Schwierigkeiten mit dem Besitzer gegeben, der keine *betrunkenen Filmleute mit Gummistiefeln* auf seinem Grundstück haben wollte. Herman hatte ihn damit gelockt, dass die Produktion eine stolze Miete zu zahlen beabsichtige, doch erst als der Landlord erfuhr, wer seine Mieterin sein sollte, stimmte er zu, unter der Bedingung, Marilyn persönlich vorgestellt zu werden.

Bei der Hausbesichtigung verlangte Marilyns Agent, dass die Vorhänge ausgetauscht würden; Marilyn sei gegen blaue Vorhänge allergisch. Der Konflikt schwelte bis zu dem Tag, an dem der geschwätzige Landlord dem *Evening Standard* anvertraute, wer in Kürze bei ihm einziehen würde. Ein Bild des Hauses erschien auf der Titelseite. Damit war die Unterkunft unmöglich geworden. Man suchte und fand ein anderes Haus, dessen Besitzer sich durch Diskretion auszeichnete.

Der Film sollte *The Sleeping Prince* heißen, Marilyns Rolle darin war die eines amerikanischen Showgirls, das von einem osteuropäischen Potentaten verführt wurde, dessen Land Karpathien genannt wurde. Olivier spielte den Prinzen und feilte an seinem komischen osteuropäischen Akzent. Es war eine leichte Komödie aus der Feder des britischen Bühnenautors Terence Rattigan.

Als Nächstes musste ein Leibwächter für Marilyn gefunden werden. Seine Funktion diente nicht nur dem Schutz des Stars vor Fans und aufdringlichen Fotografen, sondern insgeheim in erster Linie dem Schutz Marilyns vor sich selbst. Es sollte gewährleistet werden, dass sie zwischen den Dreharbeiten viel Schlaf und wenig Ablenkungen bekam und keinen Zugriff auf gewisse Medikamente. Man fand einen pensionierten Polizeibeamten, der prädestiniert für diese Aufgabe schien, da er sich kein bisschen fürs Kino interessierte. Herman bereitete ihn auf seine Pflichten vor.

»Sie informieren uns täglich über Marilyns Wünsche und ihre … nun, sagen wir, Angewohnheiten.«

»Wie weit soll meine Beobachtung der Dame gehen?«, entgegnete der Officer.

»Es muss alles getan werden, damit der Drehplan eingehalten wird. Sollte es entsprechende Gefahrenhinweise geben, bitten wir Sie, uns rechtzeitig zu informieren.«

Um die Betreuung des Stars komplett zu machen, wurde in den Pinewood Studios, dem bekanntermaßen ältesten, aber auch zugigen und schlecht beheizbaren Produktionsort Großbritanniens, eine Garderobe in freundlichen Farben gestrichen und mit angenehmen Lichtquellen ausgestattet. Die Garderoben der anderen Schauspielerinnen waren dunkel und eisig.

Marilyns Agent zeigte sich zufrieden. »Reservieren Sie gleich den Raum daneben für Paula«, sagte er.

Damals hörte Larry den Namen zum ersten Mal. »Wer ist Paula?«, fragte er arglos.

»Paula Strasberg, Marilyns Lehrerin, ihr Schauspiel-Coach.«

»Ich möchte eines klarstellen«, wandte Larry ein. »Lee Strasberg und seine sogenannte *Methode,* die er von Stanislavsky abgekupfert hat, sind sicher von Wert und revolutionieren, so hört man, unseren guten alten Schauspielerberuf. Ich bewundere Mr Brando, wenn er Shakespeare spielt, obwohl ich kein Wort von seinem Text verstehe. Das sind die Entwicklungen der neuen Zeit, ich und mein Theater sind offenbar veraltet. Aber in ein paar Tagen beginnen wir meine Produktion, in die ich mein Geld stecke, in der ich Regie führe und zusammen mit Miss Monroe die Hauptrolle spielen werde. Sobald wir hier anfangen, haben weder Mr noch Mrs Strasberg an diesem Set etwas verloren.«

Während seines Monologs war Larry äußerlich ruhig geblieben, doch er ballte die Fäuste in den Hosentaschen.

Die Diskussion musste verschoben werden, weil Herman gute Nachrichten hatte. Das Komitee für antiamerikanische Umtriebe hatte befunden, dass der Schriftsteller Arthur Miller nun doch kein gefährlicher Kommunist sei und seinen Pass zurückbekam.

»Natürlich ist er ein Roter«, schmunzelte Larry. »Alle amerikanischen Intellektuellen sind so rot wie Langusten in kochendem Wasser.«

»Mr Miller und Miss Monroe werden nächste Woche nach Großbritannien reisen und müssen abgeholt werden«, sagte Marilyns Agent.

»Selbstverständlich werden Vivien und ich in Heathrow sein, um sie zu begrüßen«, stimmte Larry zu. »Das sollte allerdings mit Zurückhaltung geschehen. Arthur Miller mag den Rummel um seine Ehefrau ganz und gar nicht.«

***

Am Tag der Ankunft herrschte auf dem Londoner Flughafen das absolute Chaos. Dutzende Polizisten mussten die internationale Presse und zahllose Schaulustige zurückhalten, die sich Zugang auf das Flugfeld verschafft hatten.

Die Blitzlichter flammten auf, wurden nach Verwendung von den Kameras ausgespuckt, landeten auf der Betonpiste und wurden von der Menge zertreten. Sie mussten später beseitigt werden, damit die Reifen der Flugzeuge keinen Schaden nahmen.

Die TWA-Maschine landete pünktlich, die Tür zur Gangway öffnete sich. Marilyn trat als Erste aus dem Flugzeug, einen Blumenstrauß auf dem Arm, ihr Beautycase in der Hand. Sie trug ein schmal geschnittenes malvenfarbenes Kostüm, eine Sonnenbrille und hatte einen leichten Mantel übergeworfen.

Die Menge spielte verrückt. Als hinter ihr Arthur Miller ausstieg, achtete auf ihn kaum jemand. Der Mann hatte das erfolgreichste Bühnenstück des Jahrzehnts geschrieben, *Tod eines Handlungsreisenden,* doch neben Marilyn wirkte er wie ein Page, der ihr Gepäck tragen sollte.

Die Journalisten brüllten ihre Fragen, die Blitzlichter kamen einem Gewittersturm gleich. Die britischen Bobbys gaben es irgendwann auf, die Menge von ihrem Idol zurückzuhalten. Nicht einmal Marilyns Agent schaffte es, zu ihr durchzudringen. Ihr Leibwächter, der Polizeibeamte, musste seine Fäuste einsetzen, um den Weg für sie frei zu machen.

Der Live-Berichterstatter brüllte in sein Radiomikrofon, um überhaupt gehört zu werden. »Sir Laurence Olivier und seine Gattin, Miss Vivien Leigh, werden nun die amerikanischen Gäste offiziell begrüßen. Amerikanische Schauspiel-Anmut trifft auf englischem Boden auf britische Schauspiel-Aristokratie!«

Larry wurden ebenfalls Mikrofone unter die Nase gehalten. »Gentlemen«, ergriff er das Wort. »Es ist mein außergewöhnliches Privileg, Ihnen eine Frau vorzustellen, die keiner Vorstellung bedarf.«

»Wie gefällt Ihnen das Eheleben, Marilyn?«, rief ein Reporter.

»Ich fühle mich wie eine neue Frau«, antwortete sie und nahm dabei Arthur Millers Hand.

»Neu?«, hakte ein anderer Journalist nach. »Das ist schon Ihre dritte Ehe, Marilyn!«

»Sie haben recht«, lachte sie. »Aller guten Dinge sind eben drei.«

»Es heißt, Sie wollen von nun an eine ernst zu nehmende Schauspielerin sein?«, meldete sich ein Dritter zu Wort.

»Ernst zu nehmen war ich schon immer. Ich möchte nur die bestmögliche Schauspielerin werden, die ich sein kann.«

»Sie sollen in einem Stück von Tschechow am Broadway spielen, sagt man.«

»Ich ziehe es in Erwägung.«

»Wieso Tschechow, Marilyn?«

»Weil er in seinen Stücken die Frauen besser versteht als jeder andere Theaterautor.«

»Besser als Ihr Mann?«

»Ich hatte noch nicht das Vergnügen, in einem Stück meines Mannes zu spielen, hoffe aber, dass es bald so weit sein wird.«

Bevor Miller etwas dazu sagen konnte, wandte sich ein Reporter an Larrys Frau Vivien Leigh, den Star aus *Vom Winde verweht*, die bisher praktisch unbeachtet dabeigestanden hatte.

»Vivien, Sie haben die Rolle des Showgirls in Rattigans Stück vor Jahren auf der Bühne gespielt. Haben Sie einen Rat für Marilyn?«

»Mein Rat an Miss Monroe wäre, ihrem Regisseur, meinem Mann, zu vertrauen. Er weiß, was er tut.«

Es wurde höflich gelacht, doch die folgenden Fragen galten wieder Marilyn. Ein Reporter drängte sich vor und rief: »Marilyn! Ist es wahr, dass Sie im Bett nichts weiter tragen als Ihr Parfum?«

Ein Raunen ging durch die Meute. Sir Laurence zuckte zusammen.

Marilyn öffnete die rot geschminkten Lippen, ihre Zähne blitzten. »Da wir in England sind, möchte ich mal so antworten: Es ist nicht wahr, dass ich im Bett nichts anhabe. Ich habe meistens das Radio an.«

Larry wurde eine Spur blasser. Viviens Lippen wirkten verkniffen. Marilyn schenkte den Reportern ein erotisches Zwinkern. Dieses Zwinkern zierte die Titelseiten sämtlicher britischer Zeitungen des nächsten Tages.

5

Ein Fotoshooting folgte auf das nächste, Interview reihte sich an Interview. Man hätte meinen können, Marilyn sei auf PR-Tour für einen Film, der bereits abgedreht war. Im Rolls-Royce wurden sie und Sir Laurence von Termin zu Termin gefahren. Larry machte den Presserummel gutmütig mit, obwohl fast alle Fragen Marilyn gestellt wurden und nicht dem Regisseur, Produzenten und Hauptdarsteller des Filmes.

Olivier galt in England als Ikone, als schauspielernder Regisseur, der mit *Henry V., Hamlet* und *Richard III.* Shakespeare einem breiten Publikum im Kino zugänglich gemacht, der unter Hitchcocks Regie *Rebecca* zum Welterfolg geführt hatte und nach dem sogar eine Zigarettenmarke benannt war. Dieser Star stand nun weitgehend stumm neben einer Frau, von der böse Zungen behaupteten, ihre Kunst beschränke sich auf Busen und Po. Als das Treiben kein Ende nahm, ließ Sir Laurence Marilyn wieder zusammen mit ihrem Ehemann auftreten und hielt sich selbst im Hintergrund. Mit einer Mischung aus Interesse und Eifersucht beobachtete er, wie zärtlich Marilyn bei diesen Anlässen Arthur Millers Hand streichelte. Larrys Traum, mit der begehrtesten Frau der Welt ein Filmliebespaar zu spielen, erhielt in solchen Momenten einen sonderbar lebensechten Anstrich.

Vivien Leigh, die bei einigen Presse-Events anwesend war, entging das eifersüchtige Gebaren ihres Mannes nicht. Sie hatte miterlebt, wie Larry sich beim ersten Kennenlernen in New York dem Star gegenüber wie ein verliebter Pennäler benommen hatte, und war sicher, seine Absicht sei es, Marilyn zu verführen, obwohl diese erst drei Wochen mit Arthur Miller verheiratet war. Vivien war dreiundvierzig und überzeugt, Larry würde sie nie verlassen. Trotzdem beauftragte sie einen Beleuchter aus der Produktion, ihr einen Hinweis zu geben, falls das Verhältnis zwischen Regisseur und Hauptdarstellerin mehr als ein künstlerisches zu werden drohte.

Da das Geheimnis von Marilyns Unterkunft längst gelüftet war, fand einer der Pressetermine vor dem altenglischen Herrenhaus in den Hügeln von Windsor statt. Larry hatte durchgesetzt, dass das Anwesen rund um die Uhr bewacht wurde.

Zu diesem Zeitpunkt verlangte die Verleihfirma, der Film müsse einen anderen Titel bekommen, in dem Marilyns Präsenz abgebildet sei. *Der schlafende Prinz* sei zu sehr auf Olivier in der Titelrolle zugeschnitten. Larry lehnte ab.

***

Der Tag der ersten Probe. In einer abgeschirmten Halle der Pinewood Studios war eine Tafelrunde aufgebaut worden. Kaffee und Erfrischungen standen bereit, das Skript sollte in voller Länge gelesen werden. Beginn: zehn Uhr morgens. Die Schauspieler trafen pünktlich ein, rauchten, plauderten und gaben sich den Anschein, als bemerkten sie nicht, dass es bereits Viertel vor elf war. Nervös wie ein Raubtier strich Larry zwischen den Künstlern umher und schaute alle paar Minuten auf die Uhr.

Neben Marilyn und ihm galt Dame Sybil Thorndike als

größte Attraktion des Film-Casts. Dame Sybil zählte zu den renommiertesten Schauspielerinnen Großbritanniens. Sie hatte in der Uraufführung der *Heiligen Johanna* von Shaw die Titelrolle gespielt und mit Shakespeare-Dramen beiderseits des Atlantiks brilliert. 1931 war sie zur *Dame Commander of the Order of the British Empire* ernannt worden und konnte somit sichergehen, dass ihre Urne einmal in der Westminster Abbey beigesetzt werden würde. Sie war seit 1908 mit demselben Mann verheiratet. Ihr Leitspruch für eine gute Ehe lautete: *Scheiden nie, umbringen öfter.* Auch Dame Sybil war unter den Wartenden in der muffigen, zugigen Halle.

Um elf Uhr hatte Sir Laurence genug von den Allüren seiner Hauptdarstellerin und schickte den Produktionsleiter los, um sie zu holen.

»Miss Monroe?« Herman klopfte. »Sir Laurence wäre dann so weit für die Leseprobe.«

Nicht Marilyn öffnete, sondern eine Frau in Schwarz, sie trug eine Kapuze über dem Kopf und Sonnenbrille. »Marilyn braucht noch Zeit«, antwortete Paula Strasberg. »Sie bereitet sich vor.«

An ihrem Schminktisch blickte Marilyn auf und musterte Herman durch den Spiegel, als wäre er ein außerirdischer Eindringling.

Als sie eine halbe Stunde später in Begleitung von Paula endlich erschien, lief Larry auf sie zu. Er wollte Marilyn höflich darauf hinweisen, dass die Studiozeiten einzuhalten seien, und ihr seinen Standardsatz entgegenschleudern, wonach ein unpünktlicher Mensch das kostbarste Gut eines anderen Menschen vergeude, nämlich dessen Zeit. All das wäre gerechtfertigt gewesen, doch Sir Laurence begrüßte seinen Star stattdessen mit den Worten: »Ah, Marilyn! Alle sind schon so neugierig, Sie endlich kennenzulernen.«

Marilyn trug eine halblange rote Hose, hohe Absätze, ihr Haar war unter einem gelben Kopftuch verborgen. Die Sonnenbrille schien von Paula zu ihr gewechselt zu haben.

»Was für ein wunderbarer, einzigartiger Moment.« Larry küsste ihr die Hand und führte sie in die Mitte des Studios. »Ladies and Gentlemen, Marilyn Monroe.«

»Willkommen, ich freue mich«, rief Dame Sybil. »Sie sind der Diamant in unserer Krone. Ich würde mich freuen, wenn Sie sich zu mir setzten.«

Als Marilyn das Angebot verwundert und schüchtern annahm und neben Dame Sybil auf einen Stuhl sank, forderte Paula den Schauspieler rechts davon auf, seinen Platz zu räumen.

»Marilyn muss neben mir sitzen.«

»Ich habe meine Unterlagen hier schon ausgebreitet«, entgegnete der Schauspieler indigniert.

»Es geht nicht anders. Wenn ich nicht zu ihrer Rechten sitze, wird Marilyn nervös.«

Alle um die Tafel beobachteten die Rochade, die die Forderung der schwarzgekleideten Fremden auslöste.

Dame Sybil schenkte Paula Strasberg ein gläsernes Lächeln. »Wäre es nicht wunderbar, wenn jeder von uns einen Freund oder eine Freundin zu den Proben mitbringen könnte?« Sie warf einen bedeutungsvollen Blick zu Larry. »Ich fürchte, das Studio würde dann vor Menschen überquellen.«

»Wie außerordentlich aufmerksam von Ihnen, uns an diesem Gedanken teilhaben zu lassen, Dame Sybil«, erwiderte er auf seine unnachahmliche Art, das Entscheidende zu verschweigen und doch zwischen den Zeilen mitschwingen zu lassen.

Marilyn war die Situation peinlich. »Bitte verzeihen Sie«, sagte sie zu dem Schauspieler, der weichen musste. »Paula hätte natürlich auch woanders sitzen können.«

»Keine Ursache«, entgegnete der Angesprochene. »Sie sollen sich bei uns wohl fühlen, Miss Monroe.«

Sie senkte den Blick konzentriert auf ihr Manuskript.

Larry ergriff das Wort. »Willkommen, Marilyn. Da wir alle hier eingefleischte Briten sind, erscheinen wir Ihnen aus dem freien Westen vielleicht ein wenig verstaubt und kurios. Aber ich hoffe, nach und nach werden Sie die *Methode* in unserem *Wahnsinn* schon noch verstehen.«

Geschickt und durch die Blume hatte er Hamlet zitiert: *Ist dies schon Wahnsinn, so hat es doch Methode.* Zugleich machte er klar, dass der neue Trend des amerikanischen *Method Acting* beim Drehbuch eines britischen Autors, inszeniert von einem britischen Regisseur, überflüssig sein würde. Terence Rattigan hatte eines seiner erfolgreichen Bühnenstücke für den Film umgeschrieben. Der Text war eine Aufeinanderfolge komischer Situationen, gespickt mit Wortwitz. Die Aufgabe eines Regisseurs würde es daher sein, die dramatische Architektur des Stückes zu strukturieren, und genau das hatte Larry vor.

Obwohl er Marilyn ansah, dass sie weder das Zitat noch die Anspielung verstanden hatte, fuhr er im Stile Shakespeares fort. »Meine noblen und bewährten Meister, lasset uns ein Kunstwerk erschaffen, das, angeführt durch Euren Liebreiz –«, er vollführte eine galante Geste zu Marilyn, »in Ehren gehalten werden soll, solange man sich der Kunst der bewegten Bilder erinnern wird.«

Seine pathetische Eröffnung ließ das Ensemble in Beifall ausbrechen. Marilyn betrachtete den großen Künstler mit leuchtenden Augen und klatschte ebenfalls, während Paula missmutig vor sich hin starrte.

Die Leseprobe begann. Gleich bei den ersten Sätzen würzte Olivier seine Rolle mit dem ulkigen osteuropäischen Akzent. Alle amüsierten sich, und jeder war bemüht, in den leichten Tonfall der Komödie einzustimmen. Bis auf Marilyn. Angespannt saß sie da, wartete verkrampft auf ihr Stichwort und verpasste es trotzdem mehrmals, da sie Olivier fasziniert zuhörte. Sobald sie dran war, quälte sie sich durch ihre Zeilen wie ein verschüchtertes Kind, das des Lesens noch nicht mächtig war.

»*Nein, bitte keinen Wodka mehr*«, las sie ab. »*Eure Hoheit kennen bestimmt das Sprichwort: wie eine betrunkene Fliege.*«

In der Rolle des Prinzregenten antwortete Olivier: »*Nicht nur dran nippen, Miss Marina, davon werden Sie nur beschwipst. Man muss den Wodka kippen.*«

Marilyn starrte ihn an. »Oh, Sir Laurence, ich könnte Ihrem lustigen Akzent den ganzen Tag zuhören.«

»Verehrte Marilyn, bitte nennen Sie mich einfach Larry. Wir sind Kollegen und sitzen alle im selben Boot.« Er blätterte um.

Nun wäre Marilyn an der Reihe gewesen, doch die Probe stockte, da Paula sich zu ihr beugte und zu wispern begann.

»Du solltest dir überlegen, warum der Großfürst dich Wodka trinken lässt, Marilyn. Er hat dich im Theater gesehen, und obwohl er eine Affäre mit einer anderen Schauspielerin unterhält, hat er dich auf seine Party eingeladen. Aber du bist der einzige Gast hier. Der Prinz hat dich in eine erotische Falle gelockt. Damit beleidigt er deine Intelligenz und degradiert dich zu einem Objekt der Begierde. Schlüpf in diese Situation, Marilyn.«

Larry unterbrach. »Es ist nur eine Leseprobe, Paula, ein lockerer erster Umgang mit dem Skript.«

»Marilyn ist dabei, ihren Charakter zu entdecken«, konterte die Frau aus dem Actors Studio.

***

Zwei Stunden später zog Sir Laurence hektisch an einer Zigarette. Er rauchte nicht die Marke, die seinen Namen trug, weil er sie scheußlich fand.

»Sie kann nicht zwei Regisseure haben«, fuhr er Marilyns Manager an. »Es verwirrt das arme Mädchen nur noch mehr, wenn die schwarze Spinne ihr dauernd etwas einflüstert.«

»Marilyn braucht Paula«, gab der Amerikaner zurück. »Warum nützen Sie nicht die beruhigende Wirkung, die Paula auf unsere nervöse Künstlerin hat? Damit ist allen gedient, vor allem Ihnen, Sir Laurence.«

»Worauf habe ich mich da nur eingelassen?« Larry drehte eine wütende Runde durch den Pausenraum und paffte Rauch in die Luft.

Am nächsten Tag erschienen Dame Sybil und die Kollegen pünktlich um sechs Uhr morgens in den Pinewood Studios. Die alte Schauspielerin begrüßte jeden, vom kleinsten Kabelträger bis zum Produzenten mit der gleichen Fröhlichkeit.

»Sind Sie vor Drehbeginn auch so aufgeregt wie ich?«, fragte sie eine schüchterne Maskenbildnerin, deren Aufgabe es war, die Lockenwickler in Sybils Perücke zu drehen.

»Das weiß ich nicht, Ma'am«, antwortete die junge Frau. »Es ist mein allererster Drehtag.«

»Ach, einmal noch so jung sein!«, rief die Lady in den Make-up-Raum. Die anderen Schauspieler, halb geschminkt, mit Kleenex-Tüchern in den Krägen, damit die Schminke nicht auf die Kostüme abfärbte, stimmten ihr versonnen zu.

Als Schauspieler alt zu werden, stellte eine besondere Aufgabe dar. Während der Ausbildung träumte jeder – buchstäblich jeder – davon, eines Tages in Hauptrollen zu brillieren und von einem tausendfachen Publikum bejubelt zu werden. Manche sahen sich schon das Treppchen emporsteigen, wo ihnen der begehrte Oscar überreicht wurde.

Die meisten begannen ihre Laufbahn in der Provinz. Dort spielten sie große Rollen, die ihnen die Gewissheit gaben, dass sie den großartigsten Beruf ergriffen hatten. Junge Frauen wurden in ihren Anfangsjahren oft protegiert, und wenn sie Glück hatten, schafften sie den Sprung an eine große Bühne oder zum Film. Noch mehr Glück hatten sie aber möglicherweise, wenn sie schwanger wurden, die Schauspielerei an den Nagel hängten und ein geordnetes Familienleben führten.

Die anderen mussten mit den Bedingungen leben, die der Beruf ihnen aufzwang: unvorhersehbare Arbeitszeiten, schmutzige Proberäume, schmuddelige Garderoben. Ältere Kollegen hatten den Protest über solche Zustände längst aufgegeben. Doch auch die jungen lernten bald, dass ihr Schauspielerleben so und nicht anders aussehen würde. Sie wechselten häufig die Engagements, kämpften mit der drohenden Arbeitslosigkeit, und es kam der Tag, an dem sie begannen, sich jünger zu machen. Mit den Jahren wandten Schauspielerinnen so manchen Kunstkniff an, damit man ihnen die Julia oder die Jungfrau von Orleans noch abnahm.

Beim Film ging es noch erbarmungsloser zu als am Theater. Die Kamera konnte man nicht belügen. Diejenigen, die es mit kosmetischen Operationen versuchten, wurden oft bitter bestraft. Die Rollen wurden mit den Jahren kleiner, die Regisseure ungeduldiger. Eine Schauspielerin oder ein Schauspieler, der oder die von sich sagen konnte, mit diesem Beruf im Rentenalter angekommen zu sein, hatte bereits einen Sieg davongetragen. Im Grunde war es ein schrecklicher Beruf; kaum zu verstehen, warum so viele sich darum rissen. Es konnte auch ein herrlicher Beruf sein, sofern man bereit war, Opfer zu bringen, ein Leben lang arm zu bleiben und auf geregelte Verhältnisse zu verzichten.

Und natürlich gab es die winzige Schar derer, die den Gipfel des Olymps erklommen hatten. Die Oliviers und Gielguds, die Brandos und Taylors, das erschreckend kleine Häufchen derer, die den anderen die Hoffnung gaben, dass es vielleicht doch möglich war, als Schauspieler unsterblich zu werden. Die meisten allerdings saßen im besten Fall in einer Garderobe in den Pinewood Studios, wurden für den ersten Drehtag geschminkt und schätzten sich glücklich, mit Sir Laurence Olivier arbeiten zu dürfen.

Pünktlich und bestens vorbereitet betrat jeder von ihnen den Set. Dame Sybil, die ihren siebzigsten Geburtstag etliche Jahre hinter sich hatte, stand aufrecht wie eine Pappel in der Mitte des Studios. Sie trug ein violettes, mit Strasssteinen besticktes Abendkleid, kostbar wirkenden Halsschmuck und eine Tiara auf der Perücke. In der einen Hand hatte sie einen Fächer, in der anderen ihr Textbuch. Minuten vor Drehbeginn ging sie noch einmal ihre Zeilen durch.

Sie spielte *The Queen Dowager*, die Königinwitwe, Larrys Schwiegermutter. Die anderen standen in Gruppen beisammen, plauderten über das Wetter und tranken Tee.

Eine volle Stunde nach dem offiziellen Drehbeginn hatte sich die Situation kein bisschen verändert – und eine weitere Stunde später immer noch nicht. Da Sir Laurence Regisseur und zugleich Produzent des Filmes war, gab es keine höhere Instanz, an die er sich wenden konnte, um sich zu beschweren. Trotzdem sprach er den Verantwortlichen der Filmgewerkschaft an.

»Mr Schmygler«, begann er, die fünfte Zigarettenkippe auf dem Boden austretend. »Miss Monroe lässt Dame Sybil und das gesamte Ensemble in Kostüm und Maske zwei volle Stunden warten. Das ist eine unerhörte Respektlosigkeit.«

»Was soll ich Ihrer Meinung nach dagegen unternehmen?« Der Gewerkschaftsboss schlug das Drehbuch auf, als ob er die Antwort darin finden könnte. »Sie ist Ausländerin. Unsere Regeln sind nur auf Engländer anwendbar.«

Larry wollte seine tigerhafte Runde durch das Studio gerade fortsetzen, als Marilyn erschien. Sie trug ein weißes, tief ausgeschnittenes Ballkleid, das glockenförmig auslief. Der Ausdruck, dass *ein Engel durch den Raum ging*, hätte selten besser gepasst als in diesen Sekunden. Die Männer an den Scheinwerfern, der Aufnahmeleiter, die Bühnentechniker, Maskenbildner und Schauspielerinnen, alle unterbrachen, was sie gerade taten. Der Weihnachtsbaummoment setzte ein.

Mit dem Gesicht eines kleinen Jungen, der beschenkt wurde, trat Larry auf seine Hauptdarstellerin zu. Als Marilyn den geschminkten Regisseur in seiner Paradeuniform heraneilen sah, packte sie eine unerklärliche Panik. Ohne ein einziges Wort zu sagen, rannte sie aus dem Studio und zurück in ihre Garderobe.

Larry stand wie vom Donner gerührt, blamiert vor der gesamten Truppe, zurückgestoßen als Regisseur und als Mann.

»Was ist denn … Was hat sie?«

»Sie ist nervös«, antwortete Paula mütterlich. »Ich kümmere mich darum.« Sie verschwand ebenfalls.

Obwohl es klamm im Studio war, rann Larry der Schweiß über den Rücken. In seiner Verwirrung, Verzweiflung, in einem Gefühl, das er im Leben nie gekannt hatte, wandte er sich an Dame Sybil. »Wollen Sie sich nicht setzen, Sybil?«, fragte er mit irren Augen.

»O ja, danke. Wie nett.« In die Runde rief sie: »Warum setzen wir uns nicht alle ein wenig?«

6

Die britischen Henley-Scheinwerfer flammten auf. Larry stand im Frack neben einem viktorianischen Sofa. Seine Brust glitzerte von Orden, im Knopfloch trug er eine weiße Rose. Er war blass geschminkt, seine Frisur mit Brillantine gescheitelt. Der Maskenbildner hatte das beginnende Grau seines Haares verschwinden lassen. Larry, der seinen Fünfzigsten in aller Stille gefeiert hatte, sah um einiges jünger aus. Wie bei jeder Rolle hatte er seine Oberlippe mit Make-up künstlich nach oben verlängert. Sein lebenslanger Komplex war es, dass er die Oberlippe für zu schmal hielt, was ihm einen unsympathischen Ausdruck verlieh.

Sir Laurence war es endlich gelungen, seinen Star an den Set zurückzuholen. Die erste Szene mit Dame Sybil konnte gedreht werden. Mit staunend geweiteten Augen saß Marilyn auf dem Sofa, hinreißend geschminkt, aufreizend schön in dem weißen Kleid. Trotz ihrer perfekten Erscheinung strahlte sie Angst und Unsicherheit aus.

Die Schärfe der Optik wurde überprüft, es ertönte das magische »*Kamera läuft!*«.

Larry warf seinem Star einen ermutigenden Blick zu, konnte aber nicht verhindern, dass Paula Strasberg sich ein letztes Mal über sie beugte und ihr unverständliche Tipps gab. Larry ließ sich nicht anmerken, dass ihn die Anwesenheit dieses Drachens zur Weißglut brachte.

Der Aufnahmeleiter bat um Ruhe. *Klappen-Tommy*, wie der Mann mit der Filmklappe gerufen wurde, trat vor Marilyn und hielt ihr das schwarze Bord mit den weißen Querstreifen vor das Gesicht. Darauf stand: *The Sleeping Prince* und darunter, mit Kreide geschrieben: *Szene 5, Klappe 1.* Das harte Geräusch, als Tommy die Klappe schlug.

Da Sir Laurence selbst in der Dekoration stand und Mitspieler war, rief der Aufnahmeleiter: »Action!«

In der Rolle des Prinzregenten von Karpathien beugte sich Larry zu Miss Elsie Marina, dem Showgirl, und sagte: »Meine Schwiegermutter ist etwas durcheinander und außerdem schwerhörig.«

Dies war das Stichwort für Lady Sybil. Die viktorianische Tür flog auf, zwei Lakaien machten Platz, herein schwebte die Königinwitwe. »Was für eine Nacht!«, rief sie ihrem Schwiegersohn entgegen. »Ich habe kein Auge zugetan. Ein grauenhafter Trunkenbold spielte stundenlang auf der Violine.« Mit jedem Satz schritt sie auf die Kamera zu. »Ich habe nicht gewagt, hinauszugehen und ihm das Handwerk zu legen. Es hätte schließlich ein Anarchist sein können oder noch schlimmer – ein Republikaner!« Dame Sybil spielte die Königinwitwe in brillanter Überzeichnung, setzte ihre Stimme schrill und ihre Gesten exaltiert ein. Sybil beherrschte das Komödienfach. Sie war glänzend, souverän, sie füllte den Raum mit ihrer Kunst.

Marilyn war von dem Auftritt derart überfordert, dass sie auf dem Sofa zur Seite rutschte, als wolle sie der schauspielerischen Gewalt ihrer Kollegin ausweichen.

»Maud!«, rief Sybil.

Die erste Hofdame sprang näher und antwortete mit affektiertem Duktus: »Königliche Hoheit?«

»Ach, da sind Sie. Geben Sie mir die Brosche.«

Die Hofdame beeilte sich, das Gewünschte in einer Schatulle zu überreichen.

Im Studio wurde lautlos über die Szene gelacht. Überall sah man amüsierte Gesichter. Die Arbeit an Sir Laurence' neuem Meisterwerk begann wunderbar reibungslos.

Larry sprach die Königin an. »Verehrteste, Sie haben ein Präsent für Miss Elsie Marina?«

»Ich bin der Meinung, sie hat die Auszeichnung verdient«, kam es von Dame Sybil.

Das war Marilyns Stichwort. Ihr erster Satz stellte keine besondere darstellerische Herausforderung dar, doch sie schluckte, schaute zur Seite, ob sie Paula irgendwo entdeckte, und sah Dame Sybil wie hypnotisiert an. Sie blickte zu Larry hoch, der mit füchsischem Ausdruck auf sie herabblickte.

»Scheiße, ich habe meinen Text vergessen«, sagte Marilyn Monroe. Sonst sagte sie nichts.

Larry wandte sich von seiner Filmpartnerin zur Crew. Mit einem leisen »Cut –« brach er die Szene ab. Die Kamera wurde gestoppt, die Studioklingel schrillte.

»Tut mir leid, Sir Laurence«, sagte Marilyn.

Er lächelte verkniffen.

»So etwas kommt vor«, lockerte Dame Sybil die Spannung auf. »Ich bin sicher, ich selbst habe irgendwo einen Fehler gemacht, weshalb Sie im Text nicht anschließen konnten. Bitte verzeihen Sie.«

Alle im Studio, auch Marilyn, wussten, dass es eine noble Geste der Schauspielerin war, die Schuld auf sich zu nehmen. Alle liebten sie dafür. Marilyn fühlte sich umso beschämter.

»Wollen wir's gleich noch mal probieren, Larry?«, schlug Sybil vor.

»Natürlich«, antwortete er beflissen.

Die zweite Klappe fiel. Marilyns Stichwort kam. In ihrer Antwort an die Königin verwechselte sie *königlich* und *kaiserlich*, spielte aber weiter und vollendete den Satz mit der erfundenen Redewendung: »*Eure erheiternde Majestät.*« Obwohl das reiner Nonsens war, ließ Larry die Kamera weiterlaufen.

»Was hat sie gesagt?«, fragte die Königin in gespielter Schwerhörigkeit.

»Sie sagt, dass ihr die karpathische Brosche ungemein gut gefällt«, antwortete Larry.

Nun wäre eine Replik der Königinwitwe an der Reihe gewesen, doch Marilyn hatte in diesem Moment eine Eingebung. Der Satz, der ihr vorhin Schwierigkeiten bereitet hatte, fiel ihr explosionsartig ein. Sie schrie ihn förmlich heraus, ohne Rücksicht darauf, ob er im Kontext Sinn machte.

»Ich trage dieses weiße Kleid, weil ich finde, dass es mir steht.«

Eine unheilvolle Pause. Nach Marilyns Fehler konnte man unmöglich weitermachen. Mit vollendeter Freundlichkeit fragte Dame Sybil: »Hätte ich da nicht noch ein paar Textzeilen gehabt, meine Liebe?«

Larry blieb nichts anderes übrig, als »Cut!« zu rufen.

Die achte, die zwölfte, die einundzwanzigste Einstellung folgten. Klappen-Tommy war gezwungen, die Kreideschrift jedes Mal auszuwischen und eine neue Klappe anzuschreiben. Quälend arbeitete man sich Satz für Satz durch die Szene. Larrys Konzept bestand darin, möglichst viele *Mastershots* zu drehen, Abschnitte also, bei denen, ähnlich wie am Theater, eine längere Szene durchgespielt wurde. Er hoffte, damit die Atmosphäre von Rattigans Bühnenstück zu bewahren, und missachtete die übliche Technik, eine Szene mit Totale, Overshoulder und Großaufnahme in kürzere Abschnitte zu unterteilen. Für dieses Vorhaben waren jedoch fehlerlose Abläufe erforderlich. Fehlerlose Abläufe schienen mit Marilyn Monroe unmöglich zu sein.

Nach Stunden stand den Technikern und Beleuchtern der Schweiß auf der Stirn, der Aufnahmeleiter umklammerte sein Skript. Die Schauspielerinnen kratzten sich an Hals und Schläfen, da ihre mit Spitzen besetzten Kleider und die festgesteckten Perücken juckten. Allen war die Erschöpfung anzusehen, auch Marilyn. Ihr Make-up musste ständig erneuert werden. Sir Laurence wurde der Schweiß abgetupft.

»Szene fünf, Klappe dreiunddreißig«, rief Tommy. *»Action!«*

Dame Sybil ergriff das Wort. »Ein wenig Abwechslung in Ihrer Kleidung wäre wünschenswert, meine Liebe. Vielleicht ein hübsches Tageskleid, was meinen Sie?« Darauf trank sie einen Schluck Champagner, der nur Tee mit Sprudelwasser war.

»Ich werde das bedenken, Eure Majestät«, erwiderte Marilyn.

Nach einer Pause, die für den Filmschnitt genutzt werden sollte, wandte sich Larry an den Aufnahmeleiter. »Und wir haben hier einen Schnitt.«

Jeder im Studio atmete vor Erleichterung auf.

»Die letzte kopieren wir«, gab Sir Laurence bekannt, warf Dame Sybil einen dankbaren Blick zu und verließ den Set, ohne ein freundliches Wort zu Marilyn gesagt zu haben.

Traurig, verwirrt, einsam blieb der Star in der Dekoration zurück. Sybil erkannte die herannahende Krise. Bevor sie selbst in die Garderobe ging, trat sie zu Marilyn.

»Das war sehr überzeugend, Miss Monroe. Sie spielen Ihre Figur wunderbar lebensecht. Ich hätte nur eine Bitte.« In gespielter Bescheidenheit senkte sie den Blick. »Es würde mir unendlich helfen, wenn wir unseren Text in der Garderobe zusammen durchsprechen könnten. In meinem Alter kann man sich die vielen Sätze nicht mehr so gut merken.«

Marilyn verstand den Hintergedanken der Kollegin, dass vor allem sie selbst es war, die den Text besser lernen musste. Andererseits wusste sie die Güte und Herzenswärme der alten Frau zu schätzen.

»Wollen Sie das wirklich?«

»Mit dem größten Vergnügen.« Sybil lächelte mit Augen, die die Frische eines jungen Mädchens verströmten.

Marilyn atmete erleichtert durch. »Gern.«

Inzwischen lief Larry wie ein Panther durch die Studiohalle, gefolgt von Herman, seinem treuen Produktionsleiter.

»Sie ist schrecklich, grauenvoll, zweitklassig! Ich hätte meiner ursprünglichen Idee folgen und Vivien besetzen sollen. Sie wäre hundertmal besser als dieses verzogene Nervenbündel.«

»Wenn irgendjemand Miss Monroes Qualitäten hervorbringen kann, dann Sie, Sir«, antwortete Herman beflissen.

»Hoffen wir es.« Fieberhaft zog Larry an seiner Zigarette. »Im Augenblick komme ich mir wie ein Schmierenkomödiant in einer Laienspielgruppe vor.«

Gebückt, verbissen, angespannt kehrte Larry an den Set zurück.

***

Es wurde nicht besser, an keinem der folgenden Tage. Für Szenen, die mit drei Drehtagen veranschlagt worden waren, brauchten Larry und die Crew zwei volle Wochen. Das Gerücht machte die Runde, dass Drehplan und Budget stark überzogen werden würden. Das bedeutete für Olivier ein persönliches finanzielles Risiko. Marilyn gegenüber wahrte er professionelle Höflichkeit und hoffte zugleich inständig auf das kleinste Zeichen einer Annäherung.

Von seinem Wesen her war Laurence Olivier kein Mensch zum Gernhaben. Er wirkte kühl, perfektionistisch bis zur Verbissenheit, sein Humor konnte als herablassend missverstanden werden. So sprang zwischen ihm und Marilyn kein Funke über. Er wurde für einen Menschen mit enormem Selbstvertrauen gehalten, dem sein geniales Talent seit Jahrzehnten bestätigt wurde. Doch gerade von Marilyn hätte er sich ein bisschen Anerkennung und Bewunderung gewünscht. Sie, der die ganze Welt Begeisterung entgegenbrachte, versagte ihm jede Freundlichkeit und Wärme.

Marilyn dagegen verspürte Olivier gegenüber eine tödliche Panik. Mit seiner lässigen Art, scheinbar jede Kunst zu beherrschen, schüchterte er sie ein. Er schüttelte die schwierigsten Leistungen nur so aus dem Ärmel: Regie, Produktion, die Hauptrolle und seine Aura, der größte Schauspieler Englands zu sein. Die Millionen, von denen Marilyn verehrt wurde, konnten ihr bei der Arbeit keinen Rückhalt geben. Was ihr fehlte, war Vertrauen in Marilyn, die Schauspielerin, die Komödiantin, den Menschen. Immer schon hatte sie sich vor dem Versagen gefürchtet, doch so abgrundtief wie mit Sir Laurence war ihre Angst vor dem Scheitern noch nie gewesen. Daher klammerte sie sich verzweifelt an Paula, die ihr Honig ums Maul schmierte.

»Du warst wundervoll.«

»Das war ich nicht.« Frustriert stolperte Marilyn über das Studiogelände, da Paula der Meinung war, es sei wichtig, zwischendurch die Perspektive zu wechseln. »Olivier ist enttäuscht von mir.«

»Weil er deine besondere Gabe nicht begreift, deine absolute Ehrlichkeit, die Suche nach Reinheit und Wahrheit in einer Rolle. Was diese Leute hier machen, ist Mummenschanz und Larifari. Es ist die übertriebene britische Art zu spielen, die wir in Amerika längst hinter uns gelassen haben. Du bist die großartigste Vertreterin dieser neuen Kunst.«

Allmählich sprang Marilyn auf Paulas Zug auf. »Du hast recht. Ich blicke bei diesem bescheuerten Film nicht durch. Was soll das Gelaber? Kein normaler Mensch spricht so!«, ereiferte sie sich so laut, dass Paula sich umsah, ob jemand vom Filmteam in der Nähe war.

»Deshalb wirst du als Einzige aus dem Film hervorstrahlen«, ging Paula darauf ein. »Man wird dein Genie bejubeln und den Rest als altmodische Klamotte abtun.«

»Die Szenen sind verstaubt«, setzte Marilyn noch eins drauf. »Von Anfang an ist klar, dass der Prinz nur mit mir schlafen will.«

»Das ist ein entscheidender Punkt.« Scheinbar freundschaftlich hakte Paula Marilyn unter. In Wirklichkeit stützte sie die Schauspielerin, die heute schon einige Pillen eingenommen hatte und auf den hohen Hacken nicht mehr gerade laufen konnte. »Es ist nicht der Prinz, der mit dir schlafen will, mein Engel. In Wirklichkeit möchte der Regisseur und Hauptdarsteller dieses Filmes Sex mit dir.«

»Larry?«, entgegnete Marilyn überrascht. »Aber er ist Viviens Mann.«

»Vivien kann dir nicht das Wasser reichen«, gab Paula dem Affen noch Zucker. »Du bist die begehrenswerteste Frau auf Erden.« Da sie Marilyns Stirnrunzeln bemerkte, änderte Paula die Strategie. »Zugleich bist du eine große Schauspielerin. Darauf sollte sich Sir Laurence konzentrieren, nicht auf deinen Sex-Appeal.«

»Larry weiß, dass Arthur und ich erst vor kurzem geheiratet haben.« Marilyn schüttelte den Kopf. »Nein, ich glaube nicht, dass er mich ins Bett kriegen will. Manchmal kommt er mir tatsächlich sogar vor ... wie vom anderen Ufer.«

Sie strauchelte und wäre gestürzt, hätte Paula sie nicht im letzten Moment aufgefangen.

7

»Sie sollte so pünktlich sein wie jedermann auf dem Set«, zischte Sir Larry um kurz nach zwölf. Marilyn war an diesem Tag noch gar nicht erschienen. Er trug seinen Schminkmantel, den Frack hatte er sich wütend vom Leib gerissen, nachdem er stundenlang darin umhergetigert war.

Herman lief seinem Chef hinterher. »Sie ist schwierig, sicher, aber an der Eintrittskasse schlägt ein Monroe-Film alle Rekorde.«

»Und was bin ich im Kino – Kassengift?«, schrie Larry ihn an. »Was hat das eine mit dem anderen zu tun? Wenn ich pünktlich sein kann, wieso kann sie das nicht?«

In diesem Moment wurde Marilyn von Paula ins Studio gebracht. Er eilte auf sie zu. »Marilyn, mein Darling, ich bin Ihr größter lebender Bewunderer. Aber, Himmel, Arsch und Zwirn, warum können Sie nicht *einmal* pünktlich sein?!«

»Himmel, Arsch?« Marilyn lachte. »Wo bleibt Ihre feine britische Art, Sir Laurence?«

»Ich habe mich … Verzeihen Sie.« Er sah ihr lächelndes Gesicht, den bezaubernden Mund, das Zittern ihrer Nase, die schelmischen Augen, und im selben Augenblick konnte er ihr nicht mehr böse sein. Marilyn Monroe lächelte ihn an. Es gefiel ihr, dass er vor all den teetrinkenden Engländern ausfallend geworden war, dass Lord Olivier fluchte. Vor allem aber gefiel ihr, dass Larry eine menschliche Regung gezeigt hatte. Der stets beherrschte Regisseur, der kühle Schauspieler war zornig geworden. Er verbarg es nicht länger hinter der Maske des Tausendsassas.

Marilyn erwiderte diesen Moment der Menschlichkeit mit Offenheit. »Ich bin ein Scheusal, ich weiß«, seufzte sie. »Dabei haben Sie so viel Geduld mit mir, Larry.« Sie nahm seine Hand. Ihre Finger glitten zwischen seine. »Was sollen wir nur machen mit mir? Können Sie mir das sagen?«

Da waren sie, die schönsten Augen der Filmwelt, und sie strahlten für ihn. Die süßesten Lippen, das bezauberndste Lächeln, all das schenkte sie ihm. Sir Laurence, wie könnte es anders sein, bekam das Weihnachtsgesicht, die Christbaumaugen.

»Das stimmt gar nicht, liebe, süße Marilyn.« Er fühlte ihre Finger, roch ihr Parfum, spürte die Nähe ihrer Brüste, bemerkte das sanfte Seitwärtsneigen ihres Halses. »Sie sind uns allen überlegen, mein Darling. Ich lerne meinen Beruf von Ihnen jeden Tag neu.«

Unter normalen Umständen hätte sich Larry für Allgemeinplätze wie diese verachtet und dem Süßholzraspeln mit einem flotten Spruch ein Ende gesetzt. Aber gefangen von ihrer Aura, erschien ihm das unmöglich.

»Ich denke ja nicht nur an mich«, setzte er nüchterner fort. »Bitte bedenken Sie, Marilyn, trotz ihrer Disziplin ist Dame Sybil doch bereits eine sehr reife Person. Es ist schwer für sie, drei volle Stunden in Kostüm und Maske zu warten, bis die Dreharbeiten beginnen können.«

Er hoffte auf Marilyns Verständnis und erkannte in ihrem Ausdruck, dass sie den Wahnsinn, den sie im Studio verbreitete, verstand. Versöhnung lag in der Luft, endlich Versöhnung, ein mögliches Miteinander, das Zusammenfinden zweier inspirierter künstlerischer Geister.

Auch Paula verstand, was gerade geschah, und witterte höchste Gefahr. Es drohte die Verbrüderung zweier Prinzipien, das Verschmelzen zweier Kontinente. Nichts konnte für Paula vernichtender sein. Damit ihre Dienste auch weiterhin benötigt würden, brauchte sie Olivier als Feind, als permanenten Antagonisten. Nur dann konnte Paula die helfende Freundin Marilyns bleiben.

»Marilyn muss sich vorbereiten«, ging sie dazwischen. »Und zwar sorgfältig. Wie viel Zeit sie dazu braucht, darf keine Rolle spielen.«

Zum ersten Mal, seit sie nach England gekommen waren, wollte Marilyn ihrer Lehrerin widersprechen. Selbst ihr war klar, dass keine Schauspielerin der Welt drei volle Stunden brauchte, um sich auf ein paar Sätze einzustimmen. Insgeheim wusste Marilyn, dass nicht die Rolle an ihrer Verspätung schuld war, sondern die Pillen, der Alkohol, ihre Angst vor dem Versagen. Marilyn war im Begriff, ihrem Regisseur zu versprechen, dass sie sich bessern würde.

Aber Paula war wachsam, Paula war gerissen. Wie ein böser schwarzer Vogel baute sie sich vor Sir Laurence auf. »Wahre Schauspielerei besteht aus mehr als einem Kostüm und einer falschen Nase. Sie bedeutet nichts Geringeres als die Entdeckung der Wahrheit.«

Was Marilyn nicht durchschaute, Larry aber umso deutlicher, war, dass Paula auf eine der wichtigsten Darstellungen Oliviers anspielte, seine Verfilmung von Shakespeares *Richard III.*, des schlimmsten Schurken der Weltliteratur. Um seine unsympathische Oberlippe zu verstärken, hatte Larry in der Rolle eine falsche Nase benutzt und mit näselnder Stimme gesprochen.

»Die beste und einfachste Vorbereitung auf eine Rolle liegt darin, pünktlich zur Arbeit zu erscheinen«, versuchte er, Paula in ihre Schranken zu weisen.

Erschrocken sah Marilyn ihn an. »Aber ich habe mich doch entschuldigt, Larry.« Sie begriff nicht, dass hier der Konflikt zwischen Regisseur und Schauspiellehrerin ausgetragen wurde, und bezog die Kritik auf sich und ihr Unvermögen. »Sie müssen doch nicht ständig auf mir herumhacken.«

»Herumhacken? Ich wollte gewiss nicht …« Larry stammelte, er haspelte. »Ich meinte ja nur …« Tränen der Panik traten in seine Augen.

Der Moment war vertan, er spürte es. Zum ersten Mal hatte sich eine Tür zwischen ihm und Marilyn aufgetan. Er wollte hindurchtreten, auf sie zugehen, mit ihr durch den restlichen Film tanzen und alles wäre gut. Aber die Tür schloss sich bereits wieder. Marilyns Blick verschleierte sich.

In seiner Unbeholfenheit beging Larry den schlimmsten Fehler: Er kehrte den Regisseur heraus. Er glaubte, Marilyn klarmachen zum müssen, wer das Sagen hatte. »Bei mir müssen Sie sich nicht entschuldigen«, antwortete er, nahm den Weltstar bei der Hand und zog Marilyn auf Dame Sybil zu.

»Sybil, Marilyn möchte Ihnen etwas sagen«, knurrte er.

Die alte Dame drehte sich abwartend um. Larry stieß Marilyn förmlich in Sybils Blickfeld.

»Es tut mir leid, Dame Sybil, dass ich Sie habe warten lassen«, flüsterte sie.

Das Gesicht der Schauspielerin bekam einen mütterlichen Glanz. »Machen Sie sich keine Sorgen, mein Kind«, antwortete sie mit großem Ernst. »Eine Ausnahmeschauspielerin wie Sie hat viele Dinge zu bedenken.«

»Sie glauben … ich … dass ich außergewöhnlich bin?«

Sybil rückte ihr Diadem zurecht. »Wir alle hier haben in Wirklichkeit keine Ahnung, wie man vor einer Kamera spielt, nicht einmal Larry. Wir sind Bühnenschauspieler. Wir übertreiben und extemporieren, weil wir nichts anderes können. Sie aber durchdringen das Mysterium des Films wie keine Zweite. Es ist ein rares Geschenk, das Ihnen zuteilwurde.«

Es wurde still im Studio. Jeder hatte verstanden, was soeben passiert war. Die höchste Instanz, die des Alters, hatte über einen ungeduldigen, überheblichen Regisseur geurteilt, der nicht zu verstehen vermochte, welches Geschenk ihm mit Miss Monroe gemacht worden war. Statt dafür dankbar zu sein, behandelte er sie wie eine normale Schauspielerin. Er hatte sich über Marilyn erheben wollen und war von Dame Sybil soeben in die tiefste Hölle gestürzt worden. Es war ein Sturz, von dem er sich nicht mehr erholen sollte.

8

Die Zeit drängte, das Budget wurde knapp. Inzwischen kam Larry meistens unrasiert an den Set und hatte violette Ringe unter den Augen. Wenn er Szenen drehte, in denen er nicht mitspielte, erschien er in ausgebeulten Cordhosen, Hemd und Strickjacke. Am liebsten wäre er im Pyjama zum Dreh gekommen.

Der Wahnsinn spitzte sich zu. Marilyn hasste ihn täglich mehr. Sie konnte Larry kaum noch ansehen, während er ihr Regieanweisungen gab. Und bei Gott, er hasste sie genauso. Er glaubte, sie zu durchschauen, wenn sie ihre übliche Show vor der Kamera abzog, mit Hüftenwackeln, Brust heraus, Lippenschmollen und den Augen eines Engels. Larry spürte den Teufel in ihr, und der Teufel schnitt tiefer und tiefer in sein Fleisch. Marilyn nagte an ihm als Schauspieler, sie diskreditierte ihn als Regisseur.

»Und Cut.« Mit strubbeligem Haar sprang Larry aus dem Regiestuhl auf. Mit der Miene eines Oberlehrers trat er auf Marilyn zu. »Der Text lautet: ›Das ist aber ziemlich schnieke hier.‹ Sie aber haben gesagt: ›Das ist aber ziemlich protzig hier.‹ Das Wort heißt *schnieke*, nicht *protzig*. Wenn ich Sie bitten darf.«

»Ich verstehe nicht«, antwortete Marilyn, den Blick seitwärts gewandt. »Protzig oder schnieke, was soll daran so wichtig sein?«

»Wenn ich erklären darf, Marilyn: Ihre Figur stammt aus einfachen Verhältnissen. Unser Autor, Terence Rattigan, bringt das mit dem Wort *schnieke* unaufdringlich zum Ausdruck. *Protzig* ist dagegen im sozialen Kontext nichtssagend.«

»Sie meinen, was ich spiele, ist nichtssagend?«, fuhr sie ihn an.

Bevor Larry sie beschwichtigen konnte, kehrte Marilyn wütend zu ihrem Auftritt zurück. Die nächste Klappe wurde vorbereitet.

Plötzlich gellte ein Schrei durch das Studio. »Paula!«

»Guter Gott im Himmel, was ist jetzt wieder los?« Larry senkte die Hände in die Hosentaschen.

Paula Strasberg eilte zu ihrer Schutzbefohlenen. »Marilyn, bitte, es gibt keinen Grund, sich so aufzuregen.«

»Ich begreife nicht, was er will«, stammelte Marilyn. »Protzig oder schnieke, das macht doch keinen Unterschied.«

Diesmal ließ Larry das Getuschel der Frauen nicht durchgehen. »Was ist das Problem, wenn ich fragen darf?«

Wie ein Zerberus trat Paula dazwischen. »Marilyn kann sich den Text nicht merken, weil ihr die Emotionen nicht klar sind. Sie versteht die Situation nicht, die sie spielt.«

Larry ertrug es kaum noch, in das blasierte Gesicht dieser Frau zu sehen, doch seine Erregung drang nicht aggressiv nach außen, sondern mit schneidender Menschenverachtung. »Dann sollte Marilyn *eben so tun*, als ob sie die Situation versteht.«

»So tun als ob?« Hinter ihrer katzenhaft geschwungenen Brille wurden Paulas Augen schmal. »Wir sprechen vom Unterschied zwischen künstlerischer Wahrheit und gekünsteltem Mist.«

»Ich gebe Ihnen absolut recht«, konterte er. »Bei der Schauspielerei geht es um nichts anderes als Wahrheit. Wenn Sie diese Wahrheit perfekt vortäuschen können, verspreche ich Ihnen eine glänzende Karriere.« Er war im Begriff, das Zeichen für den nächsten Take zu geben.

Aber Paula ließ nicht locker. »Um eine erstklassige Leistung zu erbringen, braucht eine Künstlerin wie Marilyn Zeit. Alle großen Regisseure wussten das: Murnau, DeMille, Lubitsch und von Stroheim. Diese Ausnahmekünstler nahmen sich manchmal sechs Monate Zeit, um einen Film zu drehen.«

»Ich verlange gar nicht, dass Sie mich mit diesen Titanen vergleichen.« Larrys Ausdruck bekam die Undurchdringlichkeit einer Echse. »Denn wenn ich sechs Monate mit diesem Schwachsinn hier verbringen müsste, würde ich mich vorher umbringen.«

Er hatte seinen Pfeil gegen Paula abgeschossen, doch Marilyn hörte mit. »O Gott!« Sie schlug die Hände vors Gesicht und rannte hinaus. Im Zwielicht des abgedunkelten Studios warf sie sich auf eine Chaiselongue.

»Ich kann nicht, kann nicht, ich kann das nicht länger.«

»Doch, du kannst es!« Paula beugte sich über sie. »Du gönnst diesem Mann nicht den Triumph, dass du aussteigst. Du wirst leiden, schrecklich leiden, aber am Ende wirst du wie Phönix aus der Asche erstehen.«

»Wie soll ich das denn machen?«, zischte Marilyn. »Wenn er mich nur ansieht, könnte ich schreien. Und dabei muss ich so tun, als wäre ich in den Fatzke verliebt! Kein Mensch wird mir das abnehmen.«

Larry hatte sich an die Szene herangeschlichen. Er hätte es besser nicht getan, denn so hörte er die schlimmste Regieanweisung, die Paula der verzweifelten Schauspielerin geben konnte.

»Denk an unsere Übung aus dem Actors Studio, Marilyn. Weißt du noch, was Lee dir beigebracht hat?«

»Um ein positives Gefühl zu erzeugen, soll ich an Dinge denken, die ich mag.«

»Genau so ist es. Und woran hast du damals gedacht?«

»An Frank Sinatra –« Sie überlegte. »Und an Coca-Cola.«

»Siehst du, da hast du die Lösung«, säuselte Paula. »Sinatra und Coca-Cola, das sind wunderbare Vorstellungen. Wenn du mit Larry auf der Szene bist, tauschst du Olivier einfach gegen diese schönen Bilder aus. Ich verspreche dir: Dann wird die Rolle für dich funktionieren.«

»Okay. Gut, das mache ich.« Mit neuem Schwung kehrte Marilyn an den Set zurück.

Larry ließ sich gegen eine Pappsäule sinken. Er fühlte sich uralt und versank immer tiefer in Mutlosigkeit.

***

Marilyns Selbstbewusstsein, das sie mit Sinatra und Cola erzwingen wollte, war von kurzer Dauer. Schon am nächsten Tag ertrug sie Olivier als Filmpartner nicht länger und rannte hinaus.

»Cut!«, schrie Larry so laut, dass die Mauern der Pinewood Studios erzitterten, und rannte ihr nach. Als Paula ebenfalls hinterherflattern wollte, fuhr er sie an. »Sie nicht! Sie warten hier!«

Draußen fand er die weinende Marilyn. »Marilyn, bitte, wie kann ich Ihnen helfen?«

»Es ist meine Schuld. Sie wissen immer genau, was Sie wollen und was Sie tun, aber ich … Ich kapiere einfach nicht, wer diese Elsie ist …«

»Alles, was Sie tun, ist perfekt, Marilyn«, besänftigte er

sie wie ein Kind. »Sie kennen diese Figur bereits in- und auswendig.«

»Ich kenne sie? Woher?« Überrascht schaute sie zu ihm hoch.

»Elsie ist ein blondes Showgirl, das in einer billigen Revue auftritt. Sie weiß um ihre Wirkung auf Männer und setzt sie gekonnt ein. Nichts anderes tut sie bei mir …« Er korrigierte sich. »Ich meine: Sie tut es bei dem Prinzregenten, den ich spiele.« In jovialem Überschwang nahm Larry ihre Hände. »Warum verlassen Sie sich nicht einfach auf Ihr … Ihr gottgegebenes Talent, Marilyn?«

»Was ist das für ein Talent?«, erwiderte sie misstrauisch. »Sie meinen, ich soll sexy sein und weiter nichts?«

»Ist das nicht Ihre Lieblingsrolle, Marilyn?«

Es war ihm herausgerutscht, und er bereute es in derselben Sekunde. Trotzdem stellte es das Todesurteil gegen Sir Laurence dar. So wie Millionen Männer auf der Welt hatte er Marilyn auf ihre Erotik reduziert und sprach ihr damit die Fähigkeit ab, Sanftmut, Freundlichkeit, Humor, Verletzlichkeit in die Rolle des Showgirls zu legen. Damit hatte Larry die letzte Brücke zu ihr abgebrochen.

Marilyn Monroe machte sich keine Illusionen, womit sie ihren frühen Ruhm erworben hatte, doch das genügte ihr jetzt nicht mehr. Inzwischen war sie zweiunddreißig und wollte ernst genommen werden. Sie wünschte sich eine Karriere wie Bette Davis, die in ihrer Jugend ebenfalls den Vamp verkörpert hatte, doch nun, in ihren reifen Jahren, mit *All about Eve* noch größere Erfolge feierte. Marilyn hatte in dem Film selbst eine kleine Rolle gespielt und Davis beobachtet. Bette war eine Künstlerin, die sich nichts gefallen ließ, die mit dem größten Selbstvertrauen Regisseure und Produzenten anschnauzte, wenn ihr etwas nicht passte. Diese starke Frau nahm Marilyn sich zum Vorbild.

Nie würde sie die besondere Begegnung im Jahr 1950 in der Kantine der 20th Century Fox vergessen. Bette Davis war keine von den Filmstars, die sich in den Pausen in ihren Wohnwagen zurückzogen. Sie wollte mit normalen Leuten essen, rauchen, quatschen. Deshalb stellte sie sich wie jede andere in die Schlange. Als sie an die Reihe kam, war das Menü, das sie wollte, ausgegangen. »Dann esse ich eben gar nichts«, knurrte sie und setzte sich mit einer Cola an den Tisch.

»Miss Davis?« Eine junge Anfängerin tauchte vor ihr auf, ein Tablett in der Hand. »Ich habe vorhin das letzte Menü bekommen. Wenn Sie wollen, überlasse ich es Ihnen. Ich habe es noch nicht angerührt«, sagte sie bescheiden.

»Und du bist?« Davis wollte ihre schlechte Laune nicht sofort aufgeben.

»Ich bin Marilyn. Ich spiele *Claudia*. Aber meine Szene war noch nicht dran.«

»Du denkst, du kannst dich bei mir einschleimen, wenn du mir dein Essen gibst?« Die Frage war eine Prüfung. Bette Davis stellte Menschen auf die Probe, indem sie sie provozierte.

»Ich dachte eigentlich nur, dass Sie gleich wieder vor der Kamera stehen. Da sollten Sie etwas im Magen haben.«

Die Davis grinste herzlich. »Gute Antwort, Mädchen. Und wenn du mal eine Hauptrolle spielst, kann ich dir das auch empfehlen. Nie mit leerem Magen ins Studio gehen.« Sie rückte zur Seite. »Warum setzt du dich nicht zu mir, und wir teilen uns das Essen?«

Von Bette Davis lernte Marilyn, dass man nur dann stark

wurde, wenn man klug war und Köpfchen hatte, damit man sich bei den klugschwätzenden Männern durchsetzen konnte. Marilyn unternahm in der Folge alles, um klüger zu werden. Sie las James Joyce, Rilke und Thomas Mann. Sie hatte sich die Schauspieltechnik von Lee Strasberg angeeignet. Sie besaß Zähigkeit und Schärfe, wenn sie ihre Forderungen bei Vertragsverhandlungen durchsetzte. Eines aber hatte sie nicht gewinnen können: Selbstvertrauen. Wenn ein großer Schauspieler und Regisseur wie Olivier sie auf ihren Sex reduzierte, brach Marilyns mühsam aufgebaute Fassade in sich zusammen.

Sie kehrte zu Paula zurück, krallte sich in ihren Arm und verließ mit ihr das Studio, um es an diesem Tag nicht mehr zu betreten.

Olivier ging in seine Garderobe. Da es ihm nicht gegeben war, wie ein normaler zurückgewiesener Mann zu reagieren, sich zu betrinken und den Tag zu verfluchen, an dem er sich auf die Monroe eingelassen hatte, den Tag, an dem er hoffte, zugleich mit der Künstlerin auch die Frau zu verführen, da er zu solcher Einsicht nicht fähig war, setzte er sich vor den Spiegel und begann, eine Rolle zu zitieren, die er noch nie gespielt hatte. Doch in diesem Moment passte jene Figur Shakespeares genau auf ihn und zu seiner Lage. Larry wurde zu Othello, dem eifersüchtigen Außenseiter. Er ertrug es nicht, dass Marilyn Monroe die Liebe der ganzen Welt entgegennahm, seine aber verschmähte.

»*O nun fahr wohl meines Herzens Ruh*«, zitierte er. »*Fahr wohl, mein Friede, fahr wohl, du wallend Helmbusch, stolzer Krieg, der Ehrgeiz macht zur Tugend.*«

Larry starrte in den Spiegel. »Sie hat Angst vor mir.« Er ertrug es nicht, sein alterndes, müdes Gesicht zu sehen, und schlug mit der Faust gegen das Glas. Doch der Spiegel zerbrach nicht. Der Spiegel zwang Sir Laurence, sich weiter anzusehen.

»Wir alle haben Angst«, murmelte er seinem Gegenüber zu. »Das ist unser Beruf, dazu sind wir Schauspieler, verdammt.« Er nickte dem Spiegelbild zu. »Sie sagt, sie *fühlt* ihre Rolle nicht.«

Der Spiegel nickte zurück. »Es ist nur eine leichte Komödie. Wie viel kann es da schon zu *fühlen* geben?«

Larry beugte sich weit vor, als wollte er nicht, dass irgendjemand außer dem Spiegel sein Geständnis hörte. »Denk daran, mein Freund, und vergiss es nie: Wenn es um die Liebe geht, ist man nie zu alt, um sich zu demütigen.«

***

Sie saßen immer noch bei *Michael's* zusammen. Billy, Joe und Larry. Paula war nicht mehr in ihrer Gesellschaft. Kaum einer hatte ihren Aufbruch bemerkt.

Sir Laurence ließ müde den Kopf sinken. »Das ist jetzt fast fünf Jahre her, aber es tut immer noch so weh, als hätte ich es gestern erlebt.« Er drehte sein Whiskyglas zwischen den Händen. »Ich habe mich schrecklich benommen, absolut unmöglich. Mit meiner gekränkten Eitelkeit habe ich Marilyns Verhalten um ein Vielfaches geschlagen. Das arme Mädchen wollte es nur richtig machen. Sie ist das Risiko eingegangen, eine simple und ziemlich flache Frauenfigur zu spielen, und hat versucht, sie mit Tiefe und Warmherzigkeit zu erfüllen. Natürlich war sie auch ein Nervenbündel, ein Dämon, geschüttelt von Angst und Panik. Aber sie suchte nach Wahrheit. Ich dagegen habe mich aufgeführt wie ein zurückgestoßener Romeo, verloren im Meer der Liebe. Ich schäme mich.«

Impulsiv legte Larry seine Hand auf die von Joe DiMaggio. »Glücklicherweise bin ich mit diesem Schicksal nicht allein. Alle Männer, die sich in Marilyn verliebt haben, scheinen etwas Ähnliches zu erleben.«

»Ich glaube …«, murmelte Joe. »Ich glaube, man ist verloren, wenn man mit Marilyn zusammen ist.«

Sir Laurence nickte. »Verloren.«

Billy schob die Zigarre von einem Mundwinkel in den anderen. »Marilyn selbst ist verloren. Und dagegen können weder sie noch wir das Geringste tun.«

NEW YORK CITY,
31. MAI 1962, 22.08 UHR

9

Marilyn wälzte sich auf dem Boden hin und her. Die Schublade unter dem Fernsehapparat stand offen, geöffnete Pillendosen lagen auf dem Couchtisch. Sie hatte das Laken um sich geschlungen. Die Pillen sollten ihr helfen, den Alptraum der vergangenen Stunde zu löschen, die schreckliche Szene, die zwischen ihr und Bobby Kennedy vorgefallen war. Doch statt vergessen zu können, waren Schmerzen im Bauch aufgetreten, dieses Grollen, dieses Grimmen, Nebel im Kopf, Farbflecken vor den Augen. Nun sehnte sie sich danach, dem Alptraum der Pillen zu entkommen. Das ging nur mit anderen Pillen. Pillen zum Schlafen, Pillen zum Aufwachen, Pillen zur Beruhigung, Pillen, die ihr Energie geben sollten – kein Wunder, dass sie sich oft wie tief unter Wasser fühlte. Sie hätte sich übergeben müssen, schaffte es aber nicht ins Bad. Als sie sich auf die Knie aufrichtete, wurde ihr schwindlig. Marilyn wollte den Pillen entfliehen, aber wohin, zu wem?

»Ich will zu Jack«, murmelte sie. »Jack soll kommen.« Mit aufgerissenen Augen sank sie auf den Rücken.

Während sie benommen das Weiß der Zimmerdecke anstarrte, sagte Jack: »Unser Jubiläum fällt auf denselben Tag.«

»Welches Jubiläum?«, hauchte sie, begierig, dass Jack ihr etwas Schönes, Angenehmes erzählen sollte.

»1953.« Jack lachte das berühmte Jack-Lachen mit dem verschmitzten Blick. Die meisten vermuteten hinter dem Lachen einen Jungen, der niemals altern würde. Marilyn wusste, es war sein Spaßgesicht und zugleich sein Schmerzgesicht. Wenn er besonders schlimme Schmerzen hatte, setzte Jack dieses Lächeln auf. Es war sein Panzer, er versteckte sich dahinter.

»An dem Tag, als du deine Handflächen im Zement verewigt hast, fand noch ein anderes wichtiges Ereignis statt«, antwortete er.

»Ich und Jane Russell«, kicherte Marilyn. »Es ist Janes Idee gewesen, nicht meine, nachdem wir *Gentlemen Prefer Blondes* gedreht hatten. Jane ließ ihre Beziehungen spielen.«

»Weißt du eigentlich, wie der sonderbare Kult vor Grauman's Chinese Theatre zustande gekommen ist?«, fragte er und stand über Marilyn.

»Wie denn?«

»Durch einen Unfall. Mary Pickford und Douglas Fairbanks liefen einmal über den Hollywood Boulevard. Ohne es zu merken, traten sie vor Grauman's Theatre in frischen Zement. Mr Grauman, der Kinobesitzer, eilte herbei, um den Stars zu helfen. Gemeinsam kamen sie auf die Idee, aus der Not eine Tugend zu machen und den Fußabdrücken ihre Namenszüge hinzuzufügen.«

»Ich habe diese Abdrücke vor Grauman's Theatre schon als Mädchen bewundert.«

»Und jetzt bist du ebenfalls dort verewigt.«

»Dicht bei Jean Harlow. Sie war der größte Star von allen.«

»Du hast sie abgelöst.«

»Jane und ich mussten unsere schmutzigen Hände minutenlang für die Fotografen hochhalten. Ich hatte Angst, dass der Zement währenddessen trocknet. Aber – Moment mal –« Sie schüttelte benommen den Kopf. »Welches andere Ereignis hat an dem Tag stattgefunden?«

»Kommst du nicht drauf?«

»Doch, ich weiß!« Sie streckte die Hand nach ihm aus. »Die englische Königin wurde gekrönt, Elizabeth II. Ich glaube sogar, die Presseabteilung hat unser Fotoshooting ein paar Tage verschoben, damit wir nicht im Presserummel der Krönungsfeierlichkeiten untergehen.«

»Nein, die Krönung meine ich nicht.«

Marilyn legte die Fingerspitze an ihren Mund. »Lass mich überlegen.« Kraftlos sank die Hand zur Seite. »Ich komme nicht drauf.«

»Meine Verlobung mit Jacqueline Bouvier.« Langsam ging Jack durch den Raum und setzte sich. »Damals war ich noch einfacher Senator.«

»Warum tust du mir das an, Jack?« Marilyn schluckte, aber der üble Geschmack ließ sich nicht vertreiben. »Warum erzählst du mir ausgerechnet so etwas?«

»Weil es schicksalhaft ist, findest du nicht?«

»Schicksal?«

»Du hast dich an diesem Tag verewigt, ich habe ein *ewiges* Versprechen abgegeben. Wer weiß, hätte ich mich nicht verlobt, wären wir uns vielleicht früher begegnet.«

»Hättest du mir dann vor Jackie den Vorzug gegeben?«

»Aber sicher, Süße. Darum erzähle ich es dir doch.«

Unter Mühen hob sie den Kopf. Da war niemand, kein Jack im Sessel, das Zimmer war leer. Aber es tat so gut, mit ihm zu plaudern. Da machte es nichts, dass Jack, der nicht da war, Marilyn genauso belog wie der wirkliche Präsident. Keiner log so leicht und lebendig wie Jack.

Jacqueline Bouvier war lebensnotwendig für ihn gewesen. Jack hatte sie geheiratet, weil sie alles mitbrachte, was eine künftige Präsidentengattin brauchte. Sie war schön, elegant, gebildet, sie stammte aus bestem Haus und brachte Geld mit. Die Kennedys hatten selbst Geld, doch um einen erfolgreichen Wahlkampf zu finanzieren, wäre es nicht genug gewesen. Nur mit Jackies Hilfe konnte Jack die erforderlichen Stimmen seiner Partei gewinnen und genügend Wahlmänner hinter sich versammeln. Jack und Jackie waren die Verkörperung eines Traumpaares, Jackie war der Diamant in seiner Krone. Seine Chancen standen zunächst nicht besonders gut. Einerseits war er zu jung, andererseits als Sprössling einer stinkreichen Familie nicht *demokratisch* genug, um die Nominierung zu erringen. Durch die Heirat mit Jackie erwarb sich Jack die erforderliche Qualifizierung, die Linke und die Rechte bei den Demokraten auf seine Seite zu ziehen. Diese Strategie setzte er auch im Wahlkampf ein; sie brachte ihm den Sieg. Die Amerikanerinnen himmelten Jack an, die amerikanischen Männer wollten so sein wie er und himmelten seine Frau an. Amerika fand sich in den beiden wieder. Jack und Jackie verkörperten Jugend, Kraft, Willensstärke, Eleganz und Reichtum. Jeder wollte ein Kennedy sein!

Was hätte Jack mit einem Starlet wie Marilyn angefangen? Sie hätte ihm nicht helfen können. Gewiss, sie war sexy, sie konnte komisch sein, aber eine Schauspielerin als First Lady? Ein Sexsymbol im Weißen Haus? Marilyn wusste, dass Jack sie belog, sie von Anfang an belogen hatte, und genoss es trotzdem. In ihrer Fantasie machte er sie zur First Lady. Die Fantasie war Marilyns liebster Aufenthaltsort. Hier konnte sie alles sein, jeden lieben und mit jedem Mann glücklich sein.

»Der Tag vor Grauman's Theatre«, sagte sie zu dem imaginären Jack. »Das war Jahre, bevor wir uns kennenlernten.«

»Auf Peter Lawfords Party.« Er nickte. »Ich weiß nicht mehr, warum ich dort hingefahren bin.«

»Die Party fand dir zu Ehren statt.«

»Nein. Es war der Hochzeitstag meiner Schwester. Sie ist mit Lawford verheiratet, deshalb haben sie mich in das Strandhaus nach Santa Monica eingeladen.«

Mit dem Finger machte Marilyn eine drohende Geste. »Ich bin dir an dem Abend gar nicht aufgefallen. Du hast dich nur kurz mit mir unterhalten.«

»Stimmt nicht.«

»Und ob das stimmt.« Ein kehliges Lachen. »Es waren zu viele Blondinen da. Kim Novak, Janet Leigh und natürlich Angie Dickinson. In der blonden Menge bin ich komplett untergegangen.«

»Was meinst du mit *natürlich* Angie Dickinson?«

»Du hast dich brennend für sie interessiert.«

»Unsinn.«

»Jeder weiß von eurem Verhältnis.«

»Unsinn – Unsinn – Unsinn –« Jacks Worte wurden von einem Geräusch verschluckt, einem unangenehmen Geräusch.

Marilyn hob den Kopf. Es war nicht das Telefon, aber genauso nervig. Sie schlang das Laken enger um den Körper. Schwankend stand sie auf, hielt sich am Fernsehapparat fest, am Türrahmen, ihre Schulter schabte an der Wand entlang.

»Ja?«, fragte sie vor der Tür.

»Marilyn, ich bin's«, antwortete eine dunkle Stimme.

»Paula!« Sie wollte die Tür aufreißen, hatte nach Bobbys Abgang aber die Kette vorgelegt. Sie zerrte an dem Ding und konnte es nicht entriegeln.

»Du musst die Tür noch einmal schließen«, sagte Paula. »Sehr gut. Und jetzt zieh den Riegel durch die Schiene.«

Eine Sekunde später fiel Marilyn Paula um den Hals. »Wie wunderbar, dich zu sehen.«

»Was ist passiert?« Paula Strasberg führte sie hinein und schloss die Tür.

»Was soll passiert sein?« Marilyn lachte unsicher.

»Du bist nicht mal angezogen.«

»Ich war gerade dabei, aber dann …«

Marilyn verstummte. Sie konnte Paula vieles erzählen, aber die Sache mit Bobby gehörte nicht dazu. Das hätte den Kennedys nicht gefallen, wenn die Strasbergs wüssten, dass der Justizminister heute Nacht bei Marilyn gewesen war. »Mir wurde so komisch im Bauch, da habe ich mich hingelegt.«

Sie betraten das Wohnzimmer.

»Komisch im Bauch?« Paula sah die Pillendosen auf den ersten Blick. »Hast du was für den Magen genommen?«

Eine Frage, die eine andere Frage verschleierte. Paula war diskret. Selten verließ sie das Revier, in dem Marilyn und sie sich gewöhnlich trafen, die Schauspielerei. Auf dieser Ebene waren alle Fragen und die schärfsten Antworten erlaubt.

Marilyn hatte Lee Strasberg als gewöhnliche Schülerin aufgesucht. Obwohl Lee sich bemühte, sie wie jede andere zu behandeln, machte der Starrummel um ihre Person einen normalen Unterricht unmöglich. Marilyn konnte außerdem nicht in der Gruppe mit den Übrigen arbeiten, weil sie von Natur aus schüchtern war. Wenn Strasbergs Schüler eine Szene spielten, war sie meist stumm vor Begeisterung. Während die anderen über die Szene diskutierten, traute sie sich selten, etwas beizutragen. Nur einmal während der Gruppenstunden hatte sie den Mut gehabt, selbst einen Monolog zu spielen, den Text der Blanche aus *Endstation Sehnsucht*. Strasberg lobte sie, doch Marilyn spürte, dass er nicht zufrieden war. Er hielt sie für zu jung, um diese schwierige Rolle zu spielen. Die Frau in Tennessee Williams' Stück war eine Gescheiterte, Marilyn damals unterwegs zum Gipfel des Erfolgs.

Bald darauf bot Lee ihr Privatstunden an. Als sich ihre Termine nur schwer vereinbaren ließen, übernahm Paula Lees Aufgabe. Sie machte ihre Sache großartig. In den letzten Jahren hatte sie keinen Film gedreht, bei dem Paula nicht an ihrer Seite gewesen wäre. Trotzdem war Paula keine Freundin im üblichen Sinn; hier lag die Besonderheit ihrer Beziehung. Sie war Marilyns Lehrerin, Mentorin und Wegbegleiterin. Die privaten Ereignisse in Marilyns Leben blieben in dieser Partnerschaft ausgespart. Dafür war Marilyn dankbar. Sie konnte nicht noch jemanden gebrauchen, der ihr gute Ratschläge gab. Freunde und Freundinnen von dieser Art schwirrten genügend um sie herum.

»Ich war vorhin müde«, gab sie zu. »Da habe ich einen Aufmunterer genommen. Vielleicht habe ich eine Pille zu viel erwischt.« Marilyn verlor plötzlich das Gleichgewicht, machte ein paar tapsige Schritte und sank auf dem Boden zusammen.

»War es vielleicht mehr als eine Pille zu viel?«, fragte Paula ohne jeden Vorwurf, ging in die Küche und setzte Wasser auf.

»Was machst du?«

»Ich koche dir einen starken Kaffee.«

»Ich weiß nicht, ob ich Kaffee vertrage.«

Paula kam zurück. »Wir müssen dich auf die Beine bringen.«

»Kann ich nicht einfach hierbleiben und mich ausschlafen?«

»Hast du nicht einen *Aufmunterer* genommen?«

»Ich fühle mich aber nicht wohl.«

»Du musst heute zu *Michael's* mitkommen«, entgegnete Paula. »Es ist dein Abend. Alle warten auf dich. Es wäre unmöglich, wenn du uns versetzt. Das würden sie dir nicht verzeihen.«

Aus verschleierten Augen sah Marilyn ihre Vertraute an. »Glaubst du, sie wären mir wirklich böse?«

Statt einer Antwort streckte Paula die Hand aus. »Ich helfe dir auf.«

»Ich bin müde«, erwiderte Marilyn wie ein trotziges Kind.

»Ich mache dich munter.« Sie legte ihren Arm unter Marilyns Achsel. »Dann wollen wir mal.«

»Was denn, Paula?«

»Laufen, mein Engel. Wir laufen zusammen, du und ich.«

»Wohin?«

»Im Kreis. Und schon geht es los. Eins, zwei, drei, vier – und weiter. Siehst du, das geht ganz gut.«

»Im Kreis, immer im Kreis«, lallte Marilyn. »Das ist schrecklich.«

»Wieso?«

»Weil es genau wie das Leben ist.«

»Und eins, zwei, drei, vier – und andersrum.« Paula sah ihren erschöpften Schützling an. »Ich habe gespürt, dass du mich brauchst, Marilyn, deshalb habe ich die Party verlassen. Bis jetzt hast du noch nicht viel versäumt. Ich schaffe dich dorthin, verlass dich auf mich.«

***

Sir Laurence war vom Whisky zum Cidre übergegangen. Er vertrug die scharfen Sachen nicht mehr so gut. Dass Schauspieler zu viel tranken, war ein Klischee, das die Schauspieler selbst aufgebracht hatten, um noch mehr trinken zu können. Manche tranken, um dazuzugehören, andere, weil man dem Trott des Berufs anders nicht standhielt. Wer jemals den Repertoirebetrieb eines Theaters in der englischen Provinz erlebt hatte, brauchte den einen oder anderen Whisky.

»Ich bin überrascht, dass es in Manhattan so etwas wie Cidre gibt«, sagte Larry zu Billy.

»Hier verkehren Leute mit den unterschiedlichsten Trinkgewohnheiten. Darauf ist *Michael's* spezialisiert.«

Als wäre dies sein Stichwort, kam der Besitzer des Etablissements aus der Küche gesprungen. Michael stieß die Schwingtür auf und machte ein paar schnelle Schritte, damit ihn die zurückschwingende Tür nicht im Rücken traf.

Wo kam plötzlich die Klaviermusik her, wieso spielten eine Gitarre, ein Kontrabass? Das Klavier präludierte, der Gitarrist zupfte ein zitterndes Tremolo, und Michael begann, aus voller Kehle zu singen. Er verstand es zweifellos, einen effektvollen Auftritt hinzulegen. Äußerlich war er kein beeindruckender Mann, kaum fünf Fuß groß, sein schütteres Haar frisierte er quer über die Stirn. Der gestutzte Schnäuzer sollte den Italiener noch italienischer machen und war zugleich eine Hommage an die Filmhelden der dreißiger und vierziger Jahre. Michael wollte seine Gäste nicht beim Essen stören, deshalb begann er nicht laut und knallig, sondern mit *Bambina,* dem Schmalzigsten, das italienischer Kitsch je hervorgebracht hatte. Es war das Liebeslied an ein Kind.

»*One day you will hold, cara mia,*
a child of your own, and I pray –
Bambina, remember the story
your mama, my mama would say –«

Es gelang ihm, seine Gäste mit der süßen Geschichte zu fesseln. Sie ließen ihren Salat unberührt, nahmen einen Schluck Rotwein, und ihre Nudeln wurden kalt, während sie Michaels Stimme lauschten.

»*My bambina, my cara mia, my bambina –*«

Eine seltsame Stimmung breitete sich im *Michael's* aus, Zärtlichkeit lag darin, Melancholie über verpasste Chancen, über gelebtes Leben, das nicht mehr zurückzuholen war. Die Gespräche erstarben. Auch an dem Tisch in der hintersten Nische wurde es still.

»Kinder«, knurrte Billy. »Man glaubt, Kinder könnten die Probleme des Lebens lösen. Aber Kinder machen die Probleme des Lebens nur sichtbar.«

»Kinder«, wiederholte Joe versonnen. »Vielleicht hätten wir Kinder haben sollen.«

»Ein Kind wäre für Marilyn nicht die Lösung gewesen«, entgegnete Larry.

»Sie ist jung. Sie kann noch welche kriegen«, entgegnete Joe. »Vielleicht würde es ihr festen Boden unter den Füßen geben.«

»Es gibt jede Menge Beispiele unglücklicher Kinder berühmter Leute«, widersprach Olivier. »Sie bewundern ihre prominenten Eltern zwar, aber richtige Eltern sehen anders aus.«

»Es gibt genauso viele glückliche Kinder berühmter Leute«, wandte Joe ein.

Larry wirkte plötzlich bedrückt. »Vivien und ich haben geglaubt, eine normale Ehe zu führen, mit Kindern und einem Heim.« Er fand seinen Cidre abgestanden und schob ihn beiseite. »Mit *Vom Winde verweht* wurde Vivien eine Göttin der Leinwand. Eine Göttin und der häusliche Herd lassen sich nur schwer vereinen.«

»Da kenne ich eine Ausnahme.« Billy bedeutete dem Kellner, den Cidre abzuräumen und einen frischen zu bringen. »Marlene.«

»Die Dietrich?«, fragte Sir Laurence überrascht.

»Sie ist das perfekte Beispiel dafür, dass Starrummel und Häuslichkeit mühelos zu verbinden sind. Marlene geht praktisch nie aus. Sie kocht am liebsten für sich selbst. Sie ist die Ungeselligkeit in Person.« Billy lachte quäkend. »Marlene ist für ihre Ruppigkeit verschrien. Jeder hat Angst vor ihr, vom kleinsten Assistenten bis zum Studioboss. Mich selbst eingeschlossen. Sie ist so geizig, wie man es von einer Preußin erwarten darf. Nur eins ist und war sie nie: unfair. Ich kenne niemanden, der so einen starken Gerechtigkeitssinn hat wie Marlene.«

»Ich habe dich noch nie so beeindruckt von einer Schauspielerin sprechen hören«, staunte Larry.

»Weil Marlene im Herzen keine ist. Sie ist so normal, wie man nur sein kann. Sie schläft praktisch nie. Wenn sie bei mir zu Gast ist, hat sie, sobald ich morgens die Augen aufkriege, schon alle Zeitungen gelesen, mein Haus gelüftet und in der Küche eine Suppe aufgesetzt. Bei ihren Kochkünsten muss man allerdings vorsichtig sein: Sie verwendet zu viel Zwiebeln und Knoblauch. Sie sagt meiner Putzfrau, mit welchem Mittel sie die Badewanne schrubben soll, und dabei qualmt Marlene den ganzen Tag wie ein Industrieschornstein.«

Während der Kellner den frisch gezapften Cidre brachte, machte Billy eine Pause.

»Marlene hat schon in jungen Jahren eine Tochter bekommen. Sie war Maria eine gute Mutter, ohne Allüren und Kapriolen. Als Marlene von Berlin nach Hollywood zog, nahm sie die Kleine mit. Maria durfte an der Seite ihrer Mutter sogar in einem Film mitspielen. Ich glaube, es war *Die scharlachrote Kaiserin*. Maria verkörperte darin die Kaiserin als Kind. Sie war ein normales Kind mit einer normalen Kindheit. So etwas gibt es. Es kommt nur auf die Mutter an.«

Ohne zu antworten, starrte Larry in sein Glas.

»Du und Vivien, ihr habt auch ein Kind, nicht wahr?«, fragte Billy.

»Ja – Suzanne. Sie ist süß, sehr schlau, sehr sensibel. Wir haben bei ihr alle Fehler gemacht, die Eltern machen können. Vivien hat sich am Anfang sehr bemüht. Aber die tägliche Wirklichkeit mit einem Kind, das war zu viel für sie. Sie gab das Mädchen in die Obhut ihrer Mutter. Ich habe mich damit einverstanden erklärt, obwohl mir nicht wohl dabei war. Insgeheim war ich vielleicht sogar erleichtert.« Er trank, doch der Cidre schmeckte ihm nicht mehr. »Vivien ist krank, schrecklich krank. Wir haben ihre Tuberkulose zu spät entdeckt. Wegen der Krankheit wurde sie depressiv und hatte hysterische Anfälle. Die Tuberkulose wurde zwar geheilt, die Depressionen aber sind geblieben. Es wäre Vivien unmöglich gewesen, ein Kind aufzuziehen. Ich fürchte … nein, ich bin sicher, für jemanden wie Marilyn wäre es genauso.«

Nach einem Moment des Schweigens schüttelte Joe den Kopf. »Marilyn und ich waren nur kurz zusammen, aber während der Zeit haben wir ein Kinderzimmer eingerichtet. Sie hat sich für Blau entschieden, weil sie sicher war, es würde ein Junge werden. Ich habe damals so ein Ding gekauft – ein Mobile aus kreisenden Sternen. Das haben wir an die Decke gehängt. Marilyn hat große Wassermelonen an die Wände gemalt, weil Wassermelonen so fröhliche Früchte sind. Aber das Ergebnis sah irgendwie furchteinflößend aus, wie grünrote Monster. Sie hat alles wieder übermalen lassen. Danach hat Marilyn das Kinderzimmer nie mehr betreten. Nur, weil sie an den Wassermelonen gescheitert ist.«

»Ja, Scheitern ist für sie das Schlimmste.« Larry nickte.

Billy sah auf die Uhr »Paula müsste längst dort sein.«

»Vielleicht hat Marilyn sie nicht reingelassen.«

»Wenn es einen Menschen gibt, den Marilyn immer und überall reinlässt, ist es Paula.« Billy kratzte sich an der Stirn. »Diese Frau ist ein Brechmittel, aber Marilyn hängt an ihr wie an einer Mutter.«

»Weil sie keine richtige Mutter hatte«, warf Joe in die Runde.

»Baseball-Psychologie«, konterte Billy gutmütig.

»Was könnte die beiden aufgehalten haben?«

»Im *Aufhalten* ist Marilyn Weltspitze.«

Das Gelächter der drei ging im Applaus unter, den Michael für sein Lied erntete.

»Grazie, grazie mille«, rief der Lokalbesitzer. Die meisten

Gäste nahmen an, damit sei das Unterhaltungsprogramm beendet, und widmeten sich wieder ihrer Pasta. Doch sie hatten die Rechnung ohne Michael gemacht.

»Und jetzt kommt ein Lied, das erzählt, was Ihnen passiert, wenn Sie zu viel von meinen Linguini essen! – Uno –
due – tre –«

Seufzend legte mancher Gast die Gabel erneut beiseite
und sah seine Frau an, die ihm mit der Serviette einen
Tomatenklecks aus dem Mundwinkel wischte.

Michael stolzierte in die Mitte des Raumes.

»Agita, my gumba, in the bonzone
When I eat, he gets a treat like a canzone
He enjoys every meal, every bite that I steal,
Agita, my gumba, in the banzone!«

10

»Ich kann nicht mehr!«

Marilyn hielt sich an einem Stuhl fest, er kippte, sie und der Stuhl gingen zu Boden. »Die verdammte Rennerei bringt nichts, Paula. Bitte lass mich ausruhen.«

Die Frau in Schwarz beugte sich über ihre Schülerin mit dem Laken. »Du hast mehr Pillen geschluckt, als du zugibst.«

»Nein –« Marilyns Widerspruch war nur ein Hauch.

»Ich rede sonst nicht mit dir über diese Sache, aber du musst mit den Dingern aufpassen. Wenn du zu tief in dieses Tal hinabsteigst, verlierst du die Kontrolle. Das kannst du nicht machen, du gefährdest dein Talent.«

»Mein Talent …«, seufzte Marilyn. »Titten und Arsch, das ist mein Talent.«

»Ich verbiete dir, so zu sprechen.«

»Ich weiß, was ich wert bin. Ich weiß, was alle von mir erwarten.« Sie richtete sich auf den Ellbogen auf. »Wusstest du, dass ich mich für Mathematik interessiere?«

»Nein.«

»Das habe ich schon als Kind getan. Ich glaube, Zahlen haben eine enorme Bedeutung. Aber wenn ich mit jemandem über Zahlen rede, interessiert sich derjenige vor allem für die Zahlen meiner Oberweite.« Sie sank zurück.

»Okay. Wir müssen etwas anderes versuchen.«

»Was denn?«, flüsterte Marilyn.

Paula ging nach draußen und kam mit ihrer Tasche zurück.

»Was soll das?«

»Wie viele Tabletten waren in der Dose?« Paulas Ton klang strenger.

»Ich glaube, sie war … halb voll.« Als Paula nichts erwiderte, fragte Marilyn ängstlich: »Muss ich ins Krankenhaus?«

»Das wollen wir gerade verhindern.« Zum zweiten Mal legte Paula Marilyns Arm um ihre Schulter und half ihr hoch. »Komm, ins Badezimmer.«

»Was willst du dort?« Auf unsicheren Beinen tappte Marilyn neben ihrer Lehrerin her.

»Dir das Zeug aus dem Magen pumpen, wenn es dafür nicht schon zu spät ist.«

»Paula, nein! Das will ich nicht. Das ist so ekelhaft. Woher weißt du überhaupt, dass es nötig ist?« Am Türrahmen zum Bad hielt Marilyn sich fest.

»Weil du nicht die erste Schauspielerin bist, bei der ich das machen muss. Glaubst du, nur du versuchst, deine Probleme mit Pillen zu lösen?«

»Nein, Paula, nein … bitte!«

»Es ist schnell vorbei.« Sie zwang Marilyn vor der Kloschüssel auf die Knie und holte einen Gummischlauch aus der Tasche. Alles Winden und Wehren half Marilyn nichts. Der Schlauch wurde eingeführt. Gleich darauf hörte man ein Würgen und Erbrechen, Wasser fließen, lautes Stöhnen, die beruhigenden Laute Paulas.

Da Marilyn nicht mehr laufen konnte, hob die kräftige Frau ihren Schützling auf die Arme, trug sie ins Schlafzimmer und legte sie aufs Bett.

»Kann ich jetzt schlafen?«

»Nein. Jetzt brauchen wir den Kaffee.« Paula musterte die Liegende. »Wo hättest du ihn lieber, rechts oder links?«

»Was lieber?«

»Den Piks.«

»Du willst mir eine Spritze geben?«

»Dein Blutdruck ist im Keller. Wenn ich dir nichts gebe, kollabierst du.«

»Bitte in den linken Arm«, lautete die ängstliche Antwort. Paula desinfizierte die Armbeuge. »Du hast schöne Venen.« Sie setzte die Spritze. »Willst du mir nicht sagen, was dich dazu gebracht hat, so viele Pillen zu schlucken?«

»Ich hatte eine … Auseinandersetzung.«

»Wer war hier?«, fragte Paula prompt.

»Niemand. Ich habe mich am Telefon gestritten.«

»Mit wem?«

»Nichts Ernstes. Eine Kabbelei unter Freunden.«

»Wenn du es mir nicht sagen willst, gut. Wichtig ist nur, dass du nach solchen Ereignissen nicht einfach Pillen nimmst. Wenn ich eine Stunde später gekommen wäre, hättest du eine schöne Geburtstagsbescherung gehabt.«

»Bitte sag das nicht.« Marilyns Kopf sank zur Seite.

»Nicht einschlafen!« Paula kniete sich über Marilyn.

»Ich bin so müde –«

»Du musst wach bleiben.« Ohne Ankündigung, ohne große Attitüde versetzte Paula ihr eine kräftige Ohrfeige. Und gleich noch eine.

»Warum … warum tust du das?« Marilyn erwachte.

»Weil es nötig ist.« Noch eine Ohrfeige von der Frau in Schwarz.

»Paula, um Gottes willen –«

»Jetzt kommt der Kaffee.« Die Lehrerin verließ das Bett. »Setz dich schon mal auf.«

Marilyn rutschte ein kleines Stück am Kissen hoch.

Paula kam mit einer dampfenden Tasse zurück. »So, hier.« Sie setzte ihr die Tasse an den Mund, Marilyn trank, hustete, spuckte den Kaffee wieder aus, verschluckte sich und hustete erbärmlich. Paula beendete die Tortur nicht eher, als bis die Tasse ausgetrunken war.

»Wir brauchen frische Luft hier drin.« Sie eilte durch die Wohnung, um die Fenster aufzumachen.

»Ich verstehe das Ganze nicht«, murmelte Marilyn.

»Das wirst du, wenn du wieder klar bist. Hauptsache, ich war rechtzeitig hier und du kommst rasch ins Lot.«

»Werde ich das?«

»Aber sicher. Die Spritze wirkt, der Kaffee und die frische Luft schlagen auch bald an. Und jetzt gilt es, aufzustehen.«

»Ich kann nicht. Ich bin so müde.«

»Du darfst auf keinen Fall schlafen.«

Marilyn fühlte sich abermals hochgezogen.

»Wir müssen wieder laufen.«

»Das nicht – ich kann nicht!«

»Du musst.« Gemeinsam erreichten sie das Wohnzimmer. »Und eins – zwei – drei – vier –«

Mit brüchiger Stimme übernahm Marilyn die Marschierordnung. »Eins – zwei – drei ...«

***

»Wenn Grace McKee nicht gewesen wäre, hätte es Marilyn Monroe nie gegeben«, sagte die Frau im Rollstuhl.

Die drei Männer saßen da wie bei einer alten Tante, die man eher ungern besuchte. Sie waren immer noch um den runden Tisch versammelt, Billy, Joe, Larry, und fragten sich, wieso sie die Stunden dieser Nacht auf so quälende Weise verbringen mussten. Zwei von ihnen verfluchten die Idee, Marilyns Mutter nach New York gekarrt zu haben. Joe dagegen war stolz auf seine Leistung. Er hatte die Idee gehabt, Mutter und Tochter anlässlich von Marilyns sechsunddreißigstem Geburtstag zusammenzubringen.

Ohne Marilyns Wissen hatte Joe das Sanatorium angerufen, wo Gladys Pearl Eley, geschiedene Baker, untergebracht war. Gladys durfte das Heim nicht ohne Begleitung verlassen, und so sahen sich Marilyns Weggefährten in der Situation, diesen Abend, diese verfluchte Nacht zwar ohne Marilyn, dafür aber in Gegenwart ihrer Mutter und deren Pflegerin zu bestreiten.

Die Frau hieß Stella Ritter und hatte Gladys schwungvoll ins *Michael's* gefahren. »Hallo, Mister Maggio!«, hatte sie quer durch das Lokal gerufen und war auf den Tisch zugekurvt, an dem sie Joe DiMaggio entdeckte.

»Wer ist das?«, fragte Billy.

»Was soll das?«, wollte Larry wissen.

»Wir kriegen einen Ehrengast – habe ich euch das nicht angekündigt?« Joe sprang auf und lief der Frau im Rollstuhl entgegen. »Hallo, Gladys.« Ohne ihre Zustimmung abzuwarten, küsste er sie auf beide Wangen. »Wie schön, dass du dich dazu entschlossen hast.«

»*Entschlossen* würde ich nicht sagen«, mischte sich die Pflegerin ein und beugte sich über ihre Schutzbefohlene. »Da ist jemand ganz schön ungezogen gewesen. Da hat jemand rumgetrotzt und wollte nicht aus der Baba kommen?«

»Der Baba?«, fragte Joe irritiert.

»Der Badewanne«, erklärte Miss Ritter. »Unsere Gladys wollte zurück in ihr Bettchen, war's nicht so?«

Die schlanke Frau mit dem grauen, fast weißen Haar und dem ungewöhnlich ernsten Gesicht presste die Lippen aufeinander.

»Später auf der Bahnfahrt hat sie sich geweigert, aus dem Fenster zu sehen«, fuhr Miss Ritter fort. »Sie will nicht wahrhaben, dass es da draußen noch eine Welt gibt.«

»Sind Sie die ganze Strecke von Nebraska bis hierher etwa mit dem Zug gefahren?«, staunte Joe. »Ich habe Ihnen einen Scheck für Flugtickets geschickt.«

»Gladys wäre nie in so eine Höllenmaschine gestiegen.« Miss Ritter lächelte die Grauhaarige an. »Aber den Zug mögen wir, stimmt's, meine Süße? Zugfahren macht Spaß.«

In der Nische warfen Billy und Larry einander Blicke zu. »Wird dieser Drachen den ganzen Abend mit Marilyns Mutter in der Kindersprache sprechen?«, knurrte Billy.

»Warum bin ich bloß nicht in London geblieben?«, schickte Larry ein Stoßgebet zum Himmel.

Inzwischen erregte der Auftritt der Frau im Rollstuhl Aufsehen. Diejenigen, die Joe erkannt hatten, baten ihn um ein Autogramm. Erst nach einer Weile war er in der Lage, die neuen Gäste an den Tisch zu begleiten.

»Das hättest du uns sagen müssen«, empfing ihn Billy, bevor Miss Ritter und ihr Schützling die Nische erreichten. »Unsere Runde wird allmählich zu einem Raritätenkabinett.«

»Wieso?«, entgegnete Joe begriffsstutzig.

»Ein Baseballspieler, der seine eigene Legende überlebt hat. Ein zurückgewiesener Romeo, der Marilyn mehr gehasst als geliebt hat.« Er schenkte Larry einen kumpelhaften Blick. »Dazu ein österreichischer Jude, der immer noch nicht richtig Englisch kann.« Er deutete auf sich. »Und jetzt schleppst du uns eine schizophrene Frau mitsamt ihrem Zerberus an.«

»Marilyn liebt ihre Mutter«, flüsterte Joe. »Sie freut sich bestimmt, Gladys zu sehen.«

»Mag sein.« Billy bekam diesen scharfen Ton, den er sonst nur bei Schauspielern einsetzte. »Siehst du Marilyn hier irgendwo? Ich nämlich nicht. Das bedeutet, dass wir für den Rest der Nacht mit diesen ulkigen Figuren zusammensitzen müssen.«

»Wer ist ulkig?« Miss Ritter erreichte den Tisch.

Billy wechselte mühelos den Ton. »Wie schön, hallo! Herzlich willkommen! Wollen Sie sich vielleicht neben Larry setzen?«

»Wieso zu mir?« Während der Rollstuhl in die Lücke neben Sir Laurence geschoben wurde, schickte Larry zornige Blitze Richtung Billy, stand aber schließlich auf und machte eine Verbeugung vor Marilyns Mutter. »Guten Abend, Mrs Baker. Hatten Sie eine angenehme Reise?«

»Eley« war das erste Wort, das Gladys sprach.

»Wie meinen Sie?«

Die Grauhaarige verstummte.

»Ihr jetziger Name ist Eley«, erklärte Miss Ritter. »1943 hat sie diesen Elektriker geheiratet, John Eley. Heute kann sie sich an ihre Ehe nicht mehr erinnern. Aber an dem Namen hält sie stur fest.«

Larry nahm wieder Platz. »Haben Sie es bequem, Mrs Eley?«

»Sie sind Engländer«, konstatierte die Frau im Rollstuhl.

»Ich bewundere Ihr feines Gehör.« Er strich über seinen Schnäuzer. »Was möchten Sie trinken, Mrs Eley?«

Gladys wandte sich unvermittelt an Billy Wilder. »Ich bin Marilyns Mutter.«

Billy erschrak über die stechenden Augen der Frau, ihr Verlorensein, die Einsamkeit ihrer Existenz. »Ich weiß, Mrs Eley. Wir sind froh, dass Sie uns die Ehre geben. Und Marilyn wird sich besonders freuen.«

»Sie hasst mich«, antwortete Gladys.

»Ihre Tochter spricht nur gut von Ihnen«, entgegnete Billy.

»Wann hat Norma Jeane je gut von mir gesprochen?«

»Immer wieder. Wir haben schon mehrere Filme miteinander gedreht, müssen Sie wissen.«

Larry nickte Billy anerkennend zu, wie geschickt er die alte Dame belog. Sie war nicht alt. Da Marilyn 1926 zur Welt gekommen war, konnte ihre Mutter höchstens in ihren Fünfzigern sein. Das entsprach aber nicht dem Bild, das sie abgab. Das weiße Haar war hochgesteckt. Obwohl sie dezent geschminkt war, sah man die tiefen Falten an den Mundwinkeln und auf der Stirn. Gladys hatte den Hals einer Greisin. Ihre Augen erzählten von einem Leben in permanentem Leid. Den Mund kniff sie so fest zusammen, dass ihre Lippen weiß hervortraten.

Miss Ritter beugte sich zu Gladys. »Jetzt wollen wir mal ein bisschen fröhlich sein. Hier gibt es feine Sachen, meine Süße. Du magst doch italienisches Essen. Und ein Soda, ein großes zischendes Soda mit Zitronengeschmack.«

Gladys sah die Frau über sich bleiern an. Ihr Blick erzählte, dass sie das infantile Getue der Pflegerin durchschaute. Danach wandte sie sich an die Männerrunde. »Norma Jeane kann nicht gut von mir gesprochen haben.«

Keiner antwortete. Joe setzte sich neben Billy und bot

auch Miss Ritter einen Platz an. Der Kellner trat zu ihnen und notierte ein großes Soda mit Zitronengeschmack.

»Für mich einen Scotch ohne Wasser«, bestellte Miss Ritter.

LOS ANGELES,
1. JUNI 1926, 09.30 UHR

11

Im General Hospital von Los Angeles wurde ein kleines Mädchen geboren. Man gab ihm den Namen Norma Jeane. Sie war das dritte Kind von Gladys Pearl Barker, geborene Monroe.

1917 war Gladys im Alter von fünfzehn Jahren gezwungen worden, den Haushaltswarenvertreter John Baker zu heiraten. Sie bekam zwei Kinder. Baker schlug seine Frau, er schlug auch die Kinder. Vier Jahre später reichte Gladys wegen häuslicher Gewalt die Scheidung ein. Sie erhielt das Sorgerecht für Robert und Berniece. Baker, ein cholerischer Mann, wollte das Urteil des Scheidungsgerichts nicht akzeptieren.

Nicht lange nach der Trennung verabredete sich die lebenslustige Gladys im Mai 1924 mit Charlie Gifford, ihrem Vorgesetzten bei der *Consolidated Film Industries*, wo sie als Cutterin arbeitete. Im Gefühl ihrer neuen Freiheit schlenderte sie mit dem sympathischen Charlie den Hollywood Boulevard hinunter.

»Wo hast du die Kinder untergebracht?« Er zog an seiner Zigarette.

Gladys sog an dem Strohhalm ihres Milkshakes. »Bei Doris.«

»Einer Freundin?«

»Doris ist meine Nachbarin unter mir.«

»Sind die Kids nicht zu klein, um bei einer Fremden zu bleiben?«

»Aber sie mögen Doris.« Gladys warf ihm einen Seitenblick zu. »Sei froh, dass ich sie losgeworden bin, sonst hätten wir's jetzt nicht so gemütlich.«

»Wenn ich kleine Kinder hätte, würde ich sie bestimmt nicht …« Charlie unterbrach sich. Er rechnete sich gute Chancen bei Gladys aus und wollte den Abend nicht ruinieren. »Und dein Mann, wo ist der heute?«

»Mein Ex-Mann.« Sie schmiegte sich an ihn. »Die Tinte auf den Papieren ist noch nicht trocken, aber wir sind endlich offiziell geschieden.«

»Du lässt es ja ziemlich schnell wieder angehen.« Um die Lage auszutesten, gab Charlie ihr einen flüchtigen Kuss.

Sie tat, als wende sie sich ab. »Was soll das heißen?«

»Andere Mädchen würden länger brauchen, bevor sie sich wieder auf den Heiratsmarkt werfen.«

»Ich bin aber nicht *andere Mädchen*.« Unvermittelt erhob sie sich auf die Zehenspitzen und verpasste Charlie einen langen Kuss. »Willst du mich etwa *heiraten*, Charlie?«, kicherte sie.

»Nach diesem Kuss überlege ich mir das ernsthaft.« Sie schlenderten weiter.

»Wo ist denn nun dein Mann?«

»In Kentucky.«

»Was will er dort?«

»Mit seinen Handbesen und Scheuermitteln und Schnürsenkeln verdient er zu wenig. Darum ist er wieder zu seiner Mutter gezogen.«

»Da kann er einem wirklich leidtun.«

Weder Gladys noch Charlie hatten eine Ahnung, dass John Baker in dieser Nacht nicht in Kentucky war. Er hatte sich das Auto seiner Mutter geliehen, auf deren Kosten mehrere Gallonen Treibstoff geladen und war die zweitausend Meilen nach L.A. gefahren. John parkte vor dem Apartmentblock, wo er bis vor kurzem mit Gladys und den Kindern gelebt hatte. Mit einem Wohnungsschlüssel, den er behalten hatte, verschaffte er sich Zutritt.

John Baker war schon seit drei Tagen in der Stadt. Abend für Abend hatte er das Haus beobachtet und sie vorhin mit Charlie Gifford herauskommen sehen, dem sie schon während ihrer Ehe immer mal ein Auge zugeworfen hatte. Da die beiden allein waren, mussten die Kinder daheim sein. Baker stieg die Treppe hoch, erwartete in seiner alten Wohnung einen Babysitter vorzufinden, doch das Apartment war leer. Die Lösung konnte nur bei Doris liegen. Die Nachbarin hatte die nächtlichen Schreiduelle der Bakers häufig mitbekommen, das Weinen der Kleinen, die beängstigende Stille, nachdem Gladys verprügelt worden war. Doris hatte ihr zur Scheidung gratuliert und sie ermutigt, recht bald wieder am Leben teilzunehmen. Baker wusste, dies war die Nacht, in der er seinen Plan umsetzen musste, eine weitere Gelegenheit würde so bald nicht wiederkommen. Obwohl Doris in ihm den Feind sah, versuchte er sein Glück.

John Baker war Handelsvertreter. Welche Qualität zeichnete einen Vertreter aus? Er musste den Leuten etwas verkaufen, was sie eigentlich nicht brauchten. Baker verkaufte Doris seine tiefempfundene Reue. In der Küche seiner Wohnung fand er eine Zwiebel, schälte sie und roch ein paar Mal kräftig daran. Als ihm die Tränen in die Augen schossen, lief er ein Stockwerk tiefer und klingelte.

»Guten Abend, Doris.« Er versuchte, ein Schluchzen zu unterdrücken.

»Um Gottes willen, was ist los, Mr Baker?« Im Jahr 1924 war ein weinender Mann ungewöhnlich genug, um Doris vergessen zu lassen, dass sie besser die Kette vor die Tür gelegt hätte.

»Ich … Ich komme gerade aus dem Krankenhaus.« Mit einem unauffälligen Schritt betrat er die Nachbarwohnung.

»Krankenhaus? Ist etwas mit Gladys?«

»Nicht mit ihr.« Er schluckte. »Gladys' Mama hatte einen Schlaganfall.« Gebeugt von Gram ließ Baker sich auf einen Stuhl sinken.

»So plötzlich?« Man durfte Doris nicht für dumm verkaufen. »Vor einer Stunde hat Gladys noch quietschvergnügt das Haus verlassen. Sie wusste nichts von einem Anfall ihrer Mutter.«

»Ich habe meine Schwiegermutter sehr gern«, log Baker weiter. »Sie ist in einem verdammt schlechten Zustand.«

»Das Herz?«

»Die Ärzte können es noch nicht sagen.«

Doris fielen die Kinder ein. Sie schloss die Tür zum hinteren Zimmer. »Wieso sind Sie überhaupt in L. A., Mr Baker?«

»Etwas Berufliches. Ich bin wegen eines großen Auftrags hergefahren.« Eine Geste zu der Tür. »Schlafen die Kleinen?«

»Tief und fest.«

Spätestens nach der Erwähnung eines *großen Auftrags* hätte Doris misstrauisch werden müssen. Gladys' Mann hatte nie nennenswert viel verdient. Wie wäre das mit Küchenmessern und Taschenlampen auch wohl möglich gewesen?

»Was wollen Sie jetzt von mir?«, fragte Doris den tiefererschütterten Mann.

»Entschuldigen Sie, dass ich Sie belästige.« Er zog ein Taschentuch hervor. »Gladys sagt, falls das Schlimmste eintritt, möchte sie, dass die Kinder ihre Großmutter noch einmal sehen.«

»Mitten in der Nacht?«

»Wir wissen nicht, wie viel Zeit Oma Della Mae noch bleibt.« Er sah Doris wehmütig an. »Gladys hat kein Auto, da hat sie mich gebeten, die Kinder ins Krankenhaus zu bringen. Mein Wagen steht vor der Tür.«

Argwohn, Zweifel und Widerspruch wären dringend geboten gewesen. Doris hätte anführen können, dass ihr die Kinder anvertraut worden seien und sie Baker ins Krankenhaus begleiten wolle. Sie hätte ein Taxi nehmen und Robert und Berniece in die Klinik bringen können. Aber Doris war unter anderem eine bequeme Person, die keine Lust hatte, sich um elf Uhr nachts anzuziehen und diese Unannehmlichkeiten auf sich zu nehmen. Daher übergab sie die Babys dem Vater. Dabei gingen sie so behutsam zu Werk, dass die Kleinen nicht erwachten. John bedankte sich bei der verständnisvollen Nachbarin und lief, seine Sprösslinge auf dem Arm, die Treppe hinunter und bettete sie auf den Rücksitz des Wagens. Da Doris ihn vom Fenster aus beobachtete, winkte er noch einmal hoch, startete und machte sich auf den direkten Weg nach Kentucky. Seine Kinder sollten ihr Zuhause nie wiedersehen.

***

Natürlich regte sich Gladys schrecklich darüber auf, dass Robert und Berniece entführt worden waren. Sie weinte und schrie, sprach mit Freundinnen darüber, mit ihrer Familie. Nur mit der Polizei sprach Gladys nie über die Entführung. Sie erstattete keine Anzeige gegen ihren Mann, obwohl jedes Gericht John Baker die Kinder sofort wieder weggenommen hätte. Das Einzige, was Gladys außer Heulen und Zähneknirschen unternahm, war, ihren Ex-Mann nach ein paar Tagen anzurufen. Ein Telefonat nach Kentucky kostete viel, daher fassten sich beide kurz.

»Hallo, John.«

»Hallo, Gladys.«

»Ich will die Kinder zurück.«

»Klar willst du das.«

»Bring sie nach Los Angeles.«

»Das mache ich nicht.«

»Warum nicht?«

»Hier haben sie es besser.«

»Bei ihrer leiblichen Mutter haben sie es besser.« Die Leitung war schlecht, Gladys musste laut sprechen.

»Im Grunde bist du doch froh, sie los zu sein, Gladys«, entgegnete John. »Bei meiner Mom haben sie ein friedliches Leben auf dem Land. Dich interessiert doch nur dein Vergnügen.«

»Das gibt dir nicht das Recht, meine Babys zu entführen.«

Ihr Protest war hohl und verklang gleich wieder. John wusste es, und Gladys wusste es ebenso, dass er recht hatte. Sie war zu früh die Ehe eingegangen. Jetzt, mit einundzwanzig Jahren wollte sie ein unbeschwertes Leben führen. Ihr Beruf als Cutterin bei dem jungen Medium Film machte ihr Spaß, mehr Spaß jedenfalls, als sich um zwei Kinder zu kümmern.

»Ich schicke dir die Polizei auf den Hals«, sagte sie trotzdem zum Abschied. Weder sie noch John glaubten daran, dass sie es tun würde.

Gladys besuchte die Kinder danach insgesamt dreimal in Kentucky. Die Fahrt war weit und teuer; nach Wochen der Trennung hatten die Kleinen und sie einander nicht mehr viel zu sagen. Die Atmosphäre im Haus der Schwiegermutter war hell und freundlich. Insgeheim musste Gladys zugeben, dass Robert und Berniece hier ein Paradies hatten. Die Kinder liebten ihr neues Leben bei der Granny und Papa, sie liebten die Weite Kentuckys und vermissten ihre Mutter kaum. Schließlich brach Gladys den Kontakt zu ihnen endgültig ab.

Ihre Vorbehalte gegen eine frühe Ehe hinderten sie nicht daran, noch im Jahr 1924 den Gebührenableser Martin Mortenson zu heiraten. Die beiden lebten nur wenige Monate zusammen, da Mortenson in seinem zweiten Beruf als Prediger häufig im Süden der USA unterwegs war. Von einem Mann, der praktisch nie zu Hause war, brauchte man sich nicht zu trennen, und so ließ sich Gladys erst Jahre später wieder von ihm scheiden.

Sie arbeitete unverändert als Cutterin bei *Consolidated Film*. Nachdem Mortenson sich verflüchtigt hatte, ließ Gladys die Affäre mit Charlie Gifford wieder aufleben und wurde schwanger. Sie wusste nicht, ob von Charlie oder Mortenson, im Grunde kümmerte es sie auch nicht. Sie hatte keine Lust auf weitere Kinder und verfluchte den Umstand, dass sie schon wieder schwanger war.

Am 1. Juni 1926 kam das ungewollte Mädchen zur Welt. Da Gladys noch mit Mortenson verheiratet war, ließ sie ihre Tochter unter dem Namen Norma Jeane Mortenson ins Geburtenregister eintragen. Das gefiel Gladys' Mutter Della Mae Monroe nicht, die ihre Enkelin im Dezember auf den Namen Norma Jeane Baker taufen ließ.

Della Mae kannte ihre Tochter gut: Für ein Leben als alleinerziehende Mutter war Gladys nicht geschaffen. Zwölf Tage nach Norma Jeanes Geburt gab sie das Kind auf Anraten ihrer Mutter zu den Bolenders, einer religiösen Pfingstler-Familie. Die Pfingstlerbewegung gründete auf dem Glauben, dass Jesus durch den Heiligen Geist in jedem Menschen allgegenwärtig sei. Das Kostgeld für die Unterbringung des Mädchens war bescheiden. So hatte Gladys einen einfachen Weg gefunden, ihre Freiheit wiederzuerlangen.

12

»Mama.«

»Nein, Norma Jeane, das bin ich nicht. Wie sollst du mich nennen?«

Das Mädchen mit der Stupsnase und den grünblauen Augen hatte ein hübsches Kleid mit aufgedruckten Früchten an, dazu einen Hut aus dem gleichen Stoff, weiße Söckchen und winzige Schuhe.

»Mama«, antwortete die Zweijährige.

»Eben nicht.« Ida Bolender stellte die Teller einen nach dem anderen in den Küchenschrank. Ida war Hausfrau und Pflegemutter aus Überzeugung, nicht aus Leidenschaft. Leidenschaft existierte im Hause Bolender gar nicht, dafür aber Verlässlichkeit und unverrückbare Tagesrituale. Kinder liebten Rituale und Verlässlichkeit, und die Pflegekinder liebten vor allem ihre *Mama*, Mrs Bolender. Aber sie durften nicht Mama zu ihr sagen.

»Ich bin deine Tante Ida«, erinnerte sie Norma Jeane. »Nur deine Mutter sollst du Mama nennen.«

»Mama.« Einen Buntstift in der Hand, stand das Mädchen vor der Wand.

»Deine Mutter kommt dich jeden zweiten Samstag besuchen«, erklärte Ida.

Norma Jeane setzte die Spitze eines grünen Stiftes auf die Tapete. »Rote Haare.«

»Was meinst du?«

»Mama hat rote Haare. Die mag ich nicht.«

»Die Haare sind nicht echt. Sie hat sie nur rot gefärbt.«

Sorgfältig malte das Kind einen Hasen an die Wand. »Warum macht sie sich falsche Haare?«

Ida war mit den Tellern beschäftigt und bemerkte die *Verschönerung* ihrer Wohnzimmerwand nicht. »Das ist jetzt Mode«, seufzte sie.

Wenn Ida Bolender die Welt betrachtete, fragte sie sich, was nur los war. Alle spielten verrückt, am meisten die Frauen. Sie richteten sich her wie Paradiesvögel. Schminkten sich auf eine Weise, wie das früher Frauen von zweifelhaftem Ruf getan hatten, und erst die Röcke, du lieber Himmel, die wurden immer kürzer! Kein Wunder, dass sich die Männer täglich frecher benahmen. Wer wie Mrs Bolender kleine Mädchen großzog, machte sich natürlich Gedanken über deren Zukunft.

Vier weitere Pflegekinder waren als Spielkameradinnen schon an Norma Jeane vorbeigezogen. Sie hatten nur kurz im Haus gelebt, bevor sie zu ihren leiblichen Eltern zurückgeschickt oder in ein Waisenhaus überstellt worden waren. Ida liebte ihren Beruf als Pflegemutter, aber nur, solange die Monatsbeiträge pünktlich beglichen wurden. Für die Wohlfahrt war sie nicht zuständig. Diese Aufgabe fiel dem Staat zu. Der kleinen Norma Jeane war das Waisenhaus erspart geblieben, denn obwohl es ihrer Mutter schwerfiel, zahlte sie pünktlich.

Was konnte man als Filmcutterin schon verdienen, überlegte Ida manchmal. Was war das überhaupt für ein Beruf? Ida hielt das Kino für ein Werk des Teufels. Auf einer weißen Wand tauchten plötzlich Bilder, Menschen, Landschaften auf, die nicht real waren. Geschichten wurden dort gezeigt, die den Kinobesucher aus seiner eigenen Wirklichkeit herausrissen – eine schreckliche Vorstellung für Ida, denn sie liebte die Wirklichkeit. Wer diese *fremden Leben*, wie Ida das nannte, in sein Leben hereinließ, verriet das eigene Dasein. Und wer sich dafür hergab, für die Leute zu arbeiten, die solche Filme herstellten, war Ida Bolender suspekt. Aber von irgendetwas musste Mrs Mortenson schließlich leben, dachte Ida. Gladys hatte niemanden, der sie und ihr Mädchen durchbrachte, niemanden, der auf die Kleine aufpasste, während die Mutter im Filmstudio arbeitete.

Gladys' Mutter, Mrs Monroe, hatte von vornherein ausgeschlossen, als Großmutter Verantwortung für das uneheliche Kind zu übernehmen. Sie war eine harte, lieblose Frau, fand Ida, die ihrer Tochter die Schuld gab, dass ihr ständig die Männer davonliefen: John Baker, der Gladys geschlagen hatte, Mortenson, der sich lieber als Prediger herumtrieb, statt sich um seine Frau zu kümmern, und da war noch Charlie Gifford, verheiratet und Gladys' Vorgesetzter. Er nützte seine Position schamlos aus, ging manchmal mit ihr ins Bett, kümmerte sich aber keinen Deut um das Mädchen, dessen Vater er vielleicht war.

Es kam Ida Bolender nicht in den Sinn, Gladys an den Samstagen, wenn sie das Kind besuchte, Vorhaltungen zu machen. Ida war überzeugt, die verwerflichen Zustände hatten mit den Zeiten zu tun, in denen sie lebten, diese schrecklich unmoralischen Zeiten.

Einmal hatte Ida allerdings nicht an sich halten können, als sie mit Norma Jeane die mütterliche Wohnung besuchte. Das Mädchen hatte ihren Stoffhasen vermisst und wollte sich mit einem neuen Kuscheltier nicht trösten lassen. Deshalb rang sich Ida durch, das Apartment in dem schäbigen Wohnblock aufzusuchen, in dem Gladys hauste. Norma Jeane schien den Hasen bei ihrem letzten Besuch dort vergessen zu haben.

Die Bolenders lebten in einem bescheidenen Vier-Zimmer-Bungalow, doch er war um einiges besser als die Bruchbude, die Ida mit ihrem Pflegekind betrat. Scheu hielt sich Norma Jeane an *Mama* Ida gedrängt. Die Wohnung, in der sie ihre ersten Lebenstage verbracht hatte, war ihr fremd. Sie wusste mit der Frau mit dem *falschen Haar* nicht viel anzufangen.

»Ich weiß nicht, wo der Hase ist«, erwiderte Gladys ungeduldig. Sie musste zur Arbeit.

»Bei mir geht nichts verloren«, stellte Ida fest. »Er muss hier sein.«

»So ein Stofftier geht schon mal verloren.« Gladys beugte sich zu ihrer Tochter. »Wir kaufen dir einen neuen, einen schöneren, okay?«

»Ich will Charlie«, antwortete das Mädchen.

Gladys richtete sich auf. »Charlie? Sie hat das Ding Charlie genannt? Wieso?«

»Das weiß ich nicht, eine Erinnerung vielleicht.«

»Dazu gibt es keine passende *Erinnerung*«, konterte Gladys. »Das hier ist der einzige Charlie, der in dieser Wohnung verkehrt.« Sie zeigte auf ein gerahmtes Bild auf ihrem Nachttisch. »Guck mal, Norma Jeane: Charlie ist kein Hase, sondern ein Mann. Ein sehr netter Mann.« Lächelnd betrachtete sie die Fotografie. »Sieht er nicht haargenau wie Clark Gable aus?«

»Wer ist das?«, fragte Mrs Bolender.

»Wollen Sie mir erzählen, Sie wissen nicht, dass Clark Gable der berühmteste Schauspieler der Welt ist?«

In diesem Moment platzte Ida die Hutschnur. Sie vergaß

ihre gewohnte Ruhe und das Verständnis für alleinerziehende Mütter. »Such dein Häschen noch mal drüben«, ermunterte sie Norma Jeane, schob das Kind hinaus, schloss die Tür und baute sich vor der überraschten Gladys auf.

»Wie Sie leben und mit wem Sie hier leben, geht mich nichts an, Mrs Mortenson«, begann sie. »Aber eines möchte ich Ihnen sagen: Wenn die Welt untergeht, während Sie gerade im Kino sitzen oder damit beschäftigt sind, einen dieser unmoralischen Filme aneinanderzukleben, wissen Sie, was dann passiert?«

»Wovon reden Sie eigentlich?«, stammelte Gladys überrumpelt.

»Ich spreche von der Hölle, Mrs Mortenson. Ihr Ehemann ist Prediger. Hat er Ihnen nie von der Hölle erzählt?«

»Wir hatten Besseres zu tun, als uns über die Hölle zu unterhalten.« Gladys lachte vulgär. »Ein bisschen *Hölle* kann manchmal der Himmel auf Erden sein.«

»Einen Himmel auf Erden gibt es nur in Jesus Christus«, entgegnete Ida. »Der Mensch, der während des Jüngsten Gerichts im Kino sitzt, gehört zu den Verdammten, die wehklagen werden zur Linken unseres Herrn und Erlösers.«

»Das finde ich keine so schlechte Ablenkung«, gab Gladys zurück. »Wenn die Welt untergeht, möchte ich mir mit Charlie einen Clark-Gable-Film ansehen. Mit Popcorn und allem, was dazugehört.«

»Die Kinogeher verbrennen zusammen mit den anderen bösen Menschen!«, spie Ida förmlich aus, da sie sich gegen den Sarkasmus der Rothaarigen nicht zu wehren wusste. »Meine Familie geht nicht ins Kino. Wir gehen in die Kirche! Dorthin begleitet uns Norma Jeane jede Woche. Sie ist glücklich da und liebt Reverend Knopper. Sie ist die Bravste und Aufmerksamste in der Sonntagsschule.«

»Wie kommen Sie dazu, mir eine Sonntagspredigt zu halten?«, ging Gladys dazwischen. »Der Stoffhase ist nicht hier. Sie können Norma Jeane also getrost wieder mitnehmen. Den Wochenbeitrag habe ich bezahlt.« Gladys zündete sich eine Zigarette an und öffnete die Tür. »Wir sehen uns am Samstag wieder.«

Als die Frauen das Schlafzimmer verließen, entdeckten sie das kleine Mädchen, das mit weit aufgerissenen Augen im Flur stand. Norma Jeane hatte alles gehört.

»Geht die Welt unter, Mama?«, fragte sie Mrs Bolender.

»Natürlich nicht.« Ida nahm das weinende Mädchen in den Arm. »Ich bin deine Tante Ida«, sagte sie zärtlich. »Deine Mama steht dort.«

»Nein«, wimmerte die Kleine.

»Wenn du größer bist, wirst du verstehen, warum das so sein muss.« Beruhigend strich Ida über den Rücken des Kindes.

»Ich will nicht ins Kino gehen«, schluchzte Norma Jeane. »Ich will nicht in die Hölle kommen.«

»Du kommst nicht in die Hölle«, sagte Ida. »Weil wir in die Kirche gehen. Du besuchst die Sonntagsschule, dort hörst du die wunderbaren Geschichten über Jesus, unseren Erlöser. Wenn du dir eine Geschichte merkst und beim nächsten Mal brav wiedererzählst, schenkt dir Reverend Knopper ein Bild von unserem Heiland oder einem seiner Apostel. Würde dir das gefallen?«

»Ja«, hauchte Norma Jeane.

Mrs Bolender hielt die Kleine an ihren Schoß gelehnt. »Ihre weltlichen Vergnügungen gehen mich nichts an,

Mrs Mortenson. Aber solange dieses Kind in meiner Obhut ist, werde ich Norma Jeane von diesem Lebenswandel fernhalten.«

Man sah Gladys die Lust an, etwas Beleidigendes zu antworten, doch sie brauchte die gottesfürchtige Frau nun einmal. Gladys hatte keine Lust, Verantwortung für ihr Kind zu übernehmen. Deshalb nickte sie. »Ist ja gut, Mrs Bolender. Bis Samstag also.«

Ida ließ die Frau mit dem roten Haar stehen, nahm das Mädchen an der Hand und machte sich auf den Heimweg in den Vier-Zimmer-Bungalow, der Norma Jeanes wirkliches Zuhause war. Am selben Abend brachte Ida dem Mädchen ein neues Gebet bei. Zusammen knieten sie vor dem Bett und wiederholten im Chor die Worte:

»Ich verspreche, dass ich mit Gottes Hilfe mein ganzes Leben lang keinen Alkohol trinken, kaufen oder verkaufen werde. Ich werde mich des Tabaks enthalten und Gottes Namen niemals missbrauchen.«

Der lange Satz war eigentlich zu schwer für eine Zweijährige, doch Norma Jeane hatte ein gutes Gedächtnis und ein musikalisches Gehör. Nach einer Weile konnte sie die Gebetsformel auswendig. Sie wollte ihre *Mama* stolz machen und leierte das Gelübde fehlerfrei herunter.

13

Wer stand da so luftig in dem kühlen Raum? Sollte das etwa Norma Jeane sein?

»Nein«, antwortete sie. »Das bin ich nicht, das ist *Deidra*. Sie ist wunderschön und wird bewundert.«

Wer war Deidra und wieso stand sie ohne Kleider in einer Kirche und blickte sich um?

»Deidra ist eine Zauberfee«, sagte Norma Jeane in ihr stilles Zimmer. »Sie ist unsichtbar, deshalb kann sie nackt überallhin gehen, sogar in die Kirche. Obwohl sie unsichtbar ist, erkennen sie die Kirchenbesucher. Sie verehren Deidra fast so sehr wie die Jungfrau Maria. Denn auch Deidra ist eine Jungfrau.«

Die Sechsjährige hatte keine Ahnung, was eine Jungfrau war, aber so stand es nun mal in der Bibel. Die Bolenders beteten zu Maria, der Jungfrau, die ein Kind zur Welt brachte, das keinen richtigen Vater hatte. Ein gewisser Josef lief zwar ständig mit Maria umher und war ihr Freund, aber wohl nicht der Vater von Jesus. Es schien Josef nichts auszumachen, dass Maria ein Kind mit einem anderen hatte.

Das war für Norma Jeane eine interessante Beobachtung. Überall sonst wurde genau darauf geachtet, wer der Vater eines Kindes war und dass Mutter und Kind denselben Namen trugen wie er. Wenn da etwas nicht stimmte, die Mutter zum Beispiel stets allein mit dem Kinderwagen gesehen wurde oder einen Mann heiratete, obwohl sie schon ein Kind hatte, fiel das den Bolenders auf.

Sie verurteilten solche Menschen nicht, zumindest nicht

in Norma Jeanes Gegenwart, machten ihr Pflegekind aber darauf aufmerksam. Sie erklärten ihr, dass Gott dem Menschen Regeln gegeben hatte, wie er mit *der Liebe* zu verfahren habe. Die *Liebe* kam im Buch Gottes häufig vor, Norma Jeane kannte das schon. Zum Beispiel die Liebe des allmächtigen Gottes zu seiner Schöpfung, den Blumen, den Tieren und der Krönung von allem, dem Menschen. Was diese Krönung betraf, bevorzugte Gott allerdings die Männer, das begriff Norma Jeane ziemlich schnell. Gott selbst war ein alter Mann, der deshalb an vielen Stellen der Bibel *Gott Vater* hieß. Der Vater bevorzugte seine Söhne, ob sie nun Abraham, Isaak oder sonst wie hießen. Frauen und kleine Mädchen nahmen bei Gott keinen hohen Stellenwert ein, schließlich waren sie nur aus der Rippe eines Mannes geschnitten worden. Diese Rangordnung setzte sich überall fort: Die männliche Amsel war ein prächtiger Vogel mit leuchtendem Schnabel, die Vogeldame dagegen unscheinbar. Der Löwe hatte eine auffallend schöne Mähne, die der Löwin fehlte. Die Bibel beschrieb eine Welt der Männer, und Norma Jeane fand deren Regeln überall in der realen Welt wieder.

Die Sechsjährige nahm an, dass die Bolenders Mütter ohne Ehemann deshalb nicht verurteilten, weil die Mutter von Jesus das Gleiche getan hatte. Sie brachte ihr Kind in einem Stall zur Welt, der sich mit dem Vier-Zimmer-Bungalow der Bolenders nicht messen konnte. Sie zog den kleinen Jesus groß, ohne verheiratet zu sein. Maria hatte einen Freund, der sich um sie kümmerte, auch so etwas hatte Norma Jeane schon gesehen: Freunde, die mit einem Kinderwagen mitliefen, obwohl darin nicht ihr eigenes Kind lag.

Norma Jeane war dahintergekommen, dass die Bolenders

uneheliche Verhältnisse nicht so hart verdammten wie die Bibel, weil sie davon profitierten. Sie war nicht das einzige Pflegekind der Familie, mittlerweile hatte sie sieben von ihrer Sorte kennengelernt und mitbekommen, wenn deren Mütter Ida besuchten und deren Mann, dem Postboten, Geldscheine in die Hand drückten.

Man kam gut mit Ida und dem Postboten aus, wenn man beachtete, dass Notlügen (die Norma Jeane liebte), Wutanfälle (die ihr oft passierten) und Kinderstreiche (ihre Lieblingsbeschäftigung) verboten waren und als Sünde angesehen wurden. Das bedeutete ein Leben ohne Spaß, weil es den Anstand an die oberste Stelle setzte. Norma Jeane blieb nichts anderes übrig, als in ihre Fantasiewelt zu entfliehen. Meistens tat sie es, wenn Holly, mit der sie das Zimmer teilte, nicht da war. Doch sie hatte auch eine Technik entwickelt, der Bolender-Wirklichkeit selbst dann zu entfliehen, wenn Holly im Bett daneben lag. Norma Jeane schloss die Augen und machte sich auf in die wunderbare Welt, in der Deidra, die Zauberfee herrschte.

Heute tanzte Deidra in der Kirche. Nackt schwebte sie durch das Mittelschiff zum Altar, sprang um den Altartisch, winkte der Monstranz zu, grüßte Jesus und Maria und die Heiligen, die in der kleinen Kirche der Pfingstler-Gemeinde aufgestellt waren. Das Gotteshaus hatte eher die Atmosphäre eines Wohnzimmers. Hätte den quadratischen Bau nicht ein Glockenturm geziert, wäre niemand auf die Idee gekommen, dass hier Gott wohnte. Die Bestuhlung bestand aus grob gezimmerten Bänken ohne Lehne. Reverend Knopper, der Seelenhirte, hatte einen deutsch klingenden Namen, doch seine Muttersprache war Böhmisch. Wegen des starken Akzents verstand man seine Predigten nur schwer. Während der Sonntagsandacht war man gut beraten, die Texte im Heiligen Buch mitzulesen, sofern man lesen konnte. Obwohl Norma Jeane erst im Herbst in die Schule kommen würde, kannte sie die meisten Buchstaben. Trotzdem folgte sie den Predigten Knoppers, als spreche er in einer Fantasiesprache, und vermutete lockende Geheimnisse hinter seinen Worten.

Für ihren Tanz erntete Deidra viel Begeisterung. Alle sanken in der Kirche vor ihr zu Boden und genossen es, wenn Deidra über sie hinwegstieg.

»Was machst du denn da schon wieder?« Holly riss Norma Jeane aus ihren Fantasien.

Sie lag mit ausgebreiteten Armen auf dem Bett, ihre Beine strampelten graziös in der Luft. »Nichts. Geht dich auch nichts an.« Sie sprang auf, und bevor Holly etwas erwidern konnte, rannte sie aus dem Zimmer und die Treppe hinunter.

»Ich bin draußen«, rief sie Tante Ida zu und flitzte durch die Fliegengittertür.

Norma Jeane stromerte die Straße entlang. Platanen rechts, Platanen links, ein Rasenstück vor jedem der Häuser, die fast alle gleich aussahen. Die meisten hatten eine Veranda im Erdgeschoss und zwei Giebelfenster im ersten Stock.

Um weite Strecken zu laufen, war Norma Jeane noch zu klein, meistens kam sie über ihre unmittelbare Gegend nicht hinaus. Sie lief zur Kirche, am Eisenwarenladen, der Schuhfabrik und einem Geschäft vorbei, das von Olivenöl bis Schmierfett jede Art von Öl verkaufte. Auch heute wollte sie gerade umkehren, als sie auf einem Schild das Wort *Allington Street* entzifferte. Man hatte ihr angekündigt, dass ihre Schule in der Allington Street liege. Bald würde sie jeden Tag dorthin laufen oder den Schulbus nehmen. Aber weil sie schon einmal hier war, wollte sie diesen Weg erkunden. Norma Jeane wusste nicht, dass manche Boulevards in den Außenbezirken von Los Angeles zehntausend Nummern hatten und meilenlang waren. Wenn sie nur immer die Straße entlanglief, nahm sie an, würde sie ihre Schule bald erreichen.

Es war ein heißer Julitag. Sie hatte nichts zu trinken, und die Sonne stach. Bald kam sie ins Schwitzen und hätte alles für ein kühles Soda oder einen Schluck Wasser gegeben.

Der Hund war nicht besonders schön. Eine Promenadenmischung mit glattem Fell und einem Schwänzchen, das sich für keine Himmelsrichtung entscheiden konnte. Ein dunkler Schecken auf seiner Nase erweckte den Eindruck, dass er gerade eins auf die Schnauze gekriegt hatte.

»Du bist aber ein Hübscher«, begrüßte ihn Norma Jeane. »Was hast du da? Ein feines Wasser?« Sie ging vor ihm in die Hocke.

Der Hund knurrte.

»Glaubst du, ich will dir dein Wasser wegnehmen?« Sie zeigte auf den Blechnapf, in dem sich Regenwasser gesammelt hatte. Der Hund bewachte seinen Trunk. »Soll ich dir was sagen? Damit hast du sogar recht.«

Vorsichtig streckte die durstige Norma Jeane die Hand aus. Das Tier sprang auf und knurrte vernehmlich.

»Das finde ich nicht schön, dass du alles für dich haben willst. Da ist so viel Wasser drin, das reicht für uns zwei.«

Statt ihm das Blechding weiter streitig zu machen, näherte sie ihre Hand vorsichtig seinem Kopf. Wie erwartet schnupperte er daran und leckte den Schweiß vom Handgelenk.

»Siehst du, wie schnell wir Freunde werden? Wie heißt du, zu wem gehörst du?«

Sie sah sich um. Der Hund lag auf einem Stück Brachland, wo früher ein Haus gestanden haben musste. Nur die Fundamente waren noch zu erkennen, wahrscheinlich hatte es gebrannt.

»Sind deine Leute weggezogen und haben dich nicht mitgenommen? Oder sind sie zusammen mit ihrem Haus verbrannt?«

Dem Hund schien die Konversation in der Mittagshitze zu gefallen, er sah Norma Jeane aus wachen Augen an, knurrte nicht mehr, sondern winselte, als wollte er ihr antworten.

»Ich finde, du könntest mir einen Schluck Wasser geben.« Diesmal griff sie hastiger nach dem Napf. Der Köter biss Norma Jeane in die linke Hand, ohne Kraft, verletzte sie aber trotzdem. Sie spürte den scharfen Schmerz der spitzen Zähne, sah Blut aus ihrem Handballen quellen und begann zu schreien. Ihr wurde schwindlig, sie musste sich setzen. Dem Hund tat es leid, winselnd begann er, sich im Kreis zu drehen.

Plötzlich sprang er auf das Kind zu. Erschrocken wich Norma Jeane zurück. Er wollte die Hand lecken, die er gebissen hatte. Der Blechnapf kippte um, das Wasser versickerte im Sand. Nachdem sie den ersten Schock überwunden hatte, zog Norma Jeane ihr Taschentuch hervor und wischte das Blut ab. Es waren zwei kleine Löcher zu sehen, im Übrigen schien der Biss aber nicht schlimm zu sein. Als sie vorsichtig aufstand, zog der Hund den Schwanz ein.

»Es ist meine Schuld gewesen«, beruhigte sie ihn. »Außerdem ist es nicht so schlimm.« Sie wickelte das Tuch um die Wunde. »Ich muss jetzt nach Hause und Jod drauftun, hat Tante Ida mir erklärt.« Sie kehrte auf den Bürgersteig zurück. »Wiedersehen, Hund.«

Norma Jeane lief los. Jetzt bemerkte sie erst, wie weit sie der Straße schon gefolgt war, ohne ihre Schule zu entdecken. Nun musste sie den ganzen Weg zurückgehen. Zuerst trottete sie in der Hitze vor sich hin, lief dann aber immer schneller, weil ihre Hand schmerzte. Der Weg war weit, und sie war schrecklich durstig. Nach einer Weile hörte sie trippelnde Schritte hinter sich. Es war der Hund.

»Was willst du? Warum läufst du mir nach?«

Er kam an ihre Seite.

»Ich kann dich nicht mitnehmen. Was würde Tante Ida sagen, wenn ich mit einer Töle zu Hause auftauche, die mich in die Hand gebissen hat?«

Ihr Argument verfing bei dem Hund nicht. Als sie weiterlief, wich er nicht von ihrer Seite.

»Wie heißt du überhaupt? Du siehst nicht wie ein *Rusty* aus, schon eher wie ein *Hank*. Oder besser, wie ein *Tippy*. Genau so nenne ich dich«, beschloss sie. »Du bist eindeutig ein *Tippy*.« Norma Jeane probierte aus, ob dem Hund der Name gefiel. »Tippy, lass uns nach Hause gehen.«

Als sei es das Selbstverständlichste von der Welt, schloss Tippy sich dem Mädchen an. Sie brauchten eine ganze Weile, aber schließlich schafften sie es zurück zum Haus der Bolenders.

***

130

Norma Jeane durfte den Hund behalten. Das war die größte Überraschung und das schönste Geschenk, das die Pflegeeltern ihr je gemacht hatten. Onkel Albert mochte Hunde gut leiden. Tante Ida stellte nur die Bedingung, dass das Mädchen Verantwortung übernehmen und sich selbst um das Tier kümmern musste. Sie tat es mit Freuden, gab ihm täglich Futter, ging mit Tippy spazieren und brachte ihm bei, dass er nicht in ihrem Bett, sondern draußen schlafen musste.

Als frischgebackene Hundebesitzerin wurde Norma Jeane eingeschult. Der Weg in die Public School wäre zu Fuß viel zu weit gewesen, so nahm sie täglich den Bus, der in der Nähe des Hauses hielt. Tippy begleitete sie morgens zur Haltestelle und trottete zurück, sobald sie abgefahren war. Nachmittags wartete er schon auf Norma Jeane; für sie sah es aus, als hätte er sich den ganzen Tag nicht vom Fleck bewegt.

Norma Jeane Baker erbrachte durchschnittliche Leistungen in der Schule, aber mehr verlangten die Bolenders nicht von ihr. Sie interessierte sich für Musik, konnte früh lesen und verschlang die Comic-Hefte, die Holly ihr lieh. Das erste Schuljahr verging sorglos und zufrieden für das Mädchen und seinen Freund Tippy. Der Straßenhund war ein scheues, stilles Tier, das außer Norma Jeane niemanden gern in seine Nähe ließ und sich lieber in dem Hohlraum zwischen Haus und Lehmboden versteckte. Es bedurfte aber nur eines Pfiffes von ihr, schon war er da, hechelte, schnupperte und leckte ihr die Hand. Als er sich etwas Spitzes eingetreten hatte, kümmerte sie sich um seine Pfote. Wenn er Durchfall hatte, machte Norma Jeane freiwillig alles sauber. Tippy bellte selten, höchstens vor Freude, wenn Norma Jeane nach Hause kam. Mit Wohlwollen beobachteten die Bolenders, dass ihr Pflegekind durch den Hund etwas über die Pflichten im Leben lernte.

Ohne ersichtlichen Grund veränderte sich Tippys Verhalten plötzlich. Er begann, von morgens bis abends zu bellen, egal ob Norma Jeane zu Hause war oder nicht. Selbst von ihr ließ er sich nur schwer beruhigen und fing bald wieder von neuem an.

Onkel Albert brachte den Hund zum Tierarzt. Norma Jeane sah aufgeregt zu, wie ihr Freund untersucht wurde. Der Arzt war ein grauer Mensch mit trüben Augen. Er diagnostizierte eine Verdauungsstörung und verschrieb ein Wurmmittel. Täglich flößte das Kind Tippy seine Medizin ein, trotzdem bellte er weiter. Er kläffte bei Tag und heulte bei Nacht.

An einem warmen Septembernachmittag hielt der Schulbus wie immer unweit des Bolender-Hauses. Ihre Bücher unterm Arm stieg Norma Jeane aus. Vergeblich sah sie sich nach Tippy um. Es kam ihr ungewohnt still in der Nachbarschaft vor. Obwohl sie annahm, dass Tippy schlief, näherte sie sich dem Haus mit einer ängstlichen Vorahnung. Das Tier lag mit ausgestreckten Beinen auf der Wiese hinter dem Haus. Sein kleiner Körper war über und über mit Wunden bedeckt. Als Norma Jeane aufschrie und neben ihm auf die Knie sank, kam Onkel Albert mit einem Spaten aus dem Schuppen.

»Oh, du bist schon da«, rief er. »Das ist dumm. Ich wollte ihn begraben, bevor du ihn siehst.« Auf den Spaten gestützt, musterte er die kleine Leiche.

Norma Jeane brachte nichts als gurgelnde, unverständliche Worte hervor. Ihr war, als ob der Boden, der Garten, die ganze Welt unter ihr wegkippte und sie ins Luftleere fallen müsste. Sie verstand nichts, fühlte nichts außer der Gewissheit, dass dieser Tod sich auf ihr Leben übertragen würde, dass der gemeine, unverständliche Tod, der von Tippy Besitz ergriffen hatte, sich auch in ihren Körper einschleichen würde, dass sie ihn nicht mehr loswerden konnte und eines nahen Tages am Tod Tippys selbst sterben müsste.

»Ich habe Mr Miller gesagt, dass er zu weit gegangen ist«, murmelte Onkel Albert.

»Miller …?«, wisperte Norma Jeane.

»Er hat Tippy zwar von seinem Grundstück aus erschossen, aber es war immerhin Schrot.« Er deutete auf den blutenden Kadaver. »Mit so einer Schrotladung hätte Miller sonst wen treffen können, auch Ida oder Holly oder mich.«

Norma Jeane sprach nicht aus, dass ihretwegen jeder andere, die ganze Welt hätte erschossen werden können, nur Tippy nicht.

»Ich habe Miller Vorwürfe gemacht«, fuhr der Onkel fort. »Er hat Schiss, dass ich die Polizei rufe. Aber …« Er kratzte sich an der Stirn. »Das bringt nur Ärger unter uns Nachbarn. Ich werde es wohl bleiben lassen.« Er räusperte sich. »Es war ja nur ein kleiner, herrenloser Hund.«

Am liebsten hätte Norma Jeane ihren Onkel durch einen Blitzschlag töten lassen. Tippy war mehr als ein herrenloser Hund, tausendmal mehr, das Größte und Liebste war er ihr gewesen. In ihrem Innersten verstand sie, dass dieses tote, zerfetzte Tier das erste Wesen gewesen war, das sie bedingungslos liebte. Ihre Mutter hatte sie weggegeben, ihren Vater kannte sie nicht, ihre Pflegeeltern waren fürsorglich, aber nicht liebevoll. Norma Jeanes ungeteilte Liebe gehörte diesem Hund, der sie bei ihrer ersten Begegnung gebissen hatte. In unfasslichem Schmerz blickte sie auf ihre linke Hand und betrachtete die beiden kleinen Bissmarken, als wären es Wundmale, die ihr die Liebe geschlagen hatte.

»Warum?«, flüsterte sie.

»Warum Miller den Hund erschossen hat?«, entgegnete Albert. »Das kannst du dir denken.«

»Nein! Es gibt keinen Grund dafür.«

»Hör zu, Mädchen.« Albert ging neben ihr auf die Knie. »Der Köter hat Tag und Nacht gebellt. Mr Miller war nicht der Einzige, den das verrückt gemacht hat. Jeder in der Nachbarschaft hat mich darauf angesprochen, wann das endlich aufhört und ich den Hund ins Tierheim bringe.« Er strich über Norma Jeanes Haar. »Ich habe denen gesagt, dass Tippy sich beruhigen würde. Bloß war Miller nicht so geduldig wie die anderen.« Albert seufzte. »Er kam mit der Schrotflinte an den Zaun und hat nur einen einzigen Schuss abgegeben.«

Mühsam stand der Onkel auf und ging an den Rand des Grundstücks. »Tippy war sofort tot. Er hat nicht leiden müssen.« Der Pflegevater stieß den Spaten in die Erde.

14

Norma Jeane begrub ihren Hund im Kreis der Familie.
Bleich und still legte sie Blumen auf den Hügel mit frischer
Erde. Obwohl Ida ihr erklärt hatte, dass man für Tiere nicht
beten sollte, da sie niedere Kreaturen seien, verbrachte das
Mädchen mehrere Nachmittage kniend neben dem Grab.

Sie ging weiterhin zur Schule, kehrte heim, verrichtete
ihre Pflichten, begab sich nach dem Essen in ihr Zimmer
und lag da. Norma Jeane träumte nicht mehr. Sie war nicht
länger Deidra, die durch das Leben tanzte. Sie las auch die
bunten Heftchen nicht, die Holly ihr borgte. Niemand hatte sie in dieser Zeit ein einziges Mal lachen sehen.

Im Oktober erkrankte Mr Miller, der Mann mit der
Schrotflinte, überraschend. Er wurde ins Krankenhaus ein-
geliefert, wo er bis Weihnachten bleiben musste. In jenem
Herbst bemerkte Mrs Miller, dass die Bäume in ihrem Garten zu verdorren begannen. Etwa zur gleichen Zeit wunderte sich Onkel Albert, wo das Unkrautvertilgungsmittel geblieben war, von dem er einen großen Vorrat angelegt hatte.
Während der Weihnachtsfeiertage fiel Millers Kanarien-
vogel tot von seiner Stange. Niemand verdächtigte das kleine Mädchen mit dem krausen Haar und den unschuldigen
Augen.

Diese Augen waren trüb geworden. Jede Freude war aus
ihnen gewichen. In den kommenden Monaten gewannen
die Bolenders immer mehr die Gewissheit, dass Norma
Jeane an einer Schwermut litt, die die Pflegeeltern nicht zu
durchdringen vermochten. Ihre schulischen Leistungen ver-

schlechterten sich, sie nahm an Gewicht ab. Die Bolenders sahen sich nur so lange verantwortlich für ihre Pflegekinder, als diese unter keiner chronischen Krankheit litten. Norma Jeane hatte eine Krankheit des Gemüts gepackt, bestätigte der Hausarzt und bemühte als Erster den Ausdruck *Depression*.

Trotz Präsident Roosevelts Kampf gegen die Wirtschaftskrise ächzte Amerika 1933 immer noch unter den Folgen des weltweiten Börsencrashs. In diesem Zusammenhang kannten die Millionen Arbeitslosen den Ausdruck *Depression*. Ein kleines Mädchen, das wohlbehütet in einem schönen Haus wohnte, ein geordnetes, gottesfürchtiges Leben führte, unter der Woche zur Schule und sonntags in die Kirche ging, so ein Kind hatte keine Veranlassung für Depressionen. Erst recht nicht, wenn der Grund dafür der Tod eines Straßenköters war. So sahen das zumindest Ida und Albert. Sie führten Gespräche mit Norma Jeane, ließen ihr Zeit zu trauern und zwangen sie nicht, ihr Dinner aufzuessen. Aber irgendwann wurde es den Bolenders zu viel. Ein Pflegekind sollte gehorsam, fleißig und vor allem fröhlich sein.

Zwei Tage nach einem Telefonat mit der Mutter des Kindes erschien Gladys in einem Auto, das von ihrer Freundin Grace McKee chauffiert wurde. Sie kamen, um Norma Jeane abzuholen. Die Mutter zahlte den letzten Monatsbeitrag. Zu packen brauchten sie nichts, das hatten die Bolenders schon erledigt. Die spärliche Habe des Kindes wurde in den Kofferraum gelegt, das Mädchen auf den Rücksitz gesetzt. Norma Jeane verließ die ruhige Straße, in der sie aufgewachsen war, den Ort, wo man Tippy erschossen hatte.

***

Wie Gladys arbeitete auch Grace McKee als Cutterin in den Hollywood-Studios. Sie war vierzig, alleinstehend, großzügig, kinderlos, genau der Mensch, den Gladys brauchte. Grace war kein Mann, der Gladys verführen, kein Schmarotzer, der bei ihr wohnen wollte, sich bekochen ließ und mit anderen Frauen herummachte. Grace war auch kein naserümpfender Hauswirt, der die Frau mit den roten Haaren anziehend, zugleich aber unmoralisch fand. Grace selbst kannte nur eine Moral, nämlich die, dass zwei berufstätige Frauen ein möglichst gutes Leben führen sollten.

Nun, da Norma Jeane bei ihnen lebte, wurde das Apartment nahe Hollywood für die beiden zu klein. Grace, die Geschäftstüchtigere von beiden, riet Gladys, ein Darlehen in Anspruch zu nehmen, das nur alleinerziehenden Müttern gewährt wurde. Mit Hilfe dieses Geldes kauften sie ein möbliertes Haus unweit der Filmstudios. Ihr Verdienst hätte nicht gereicht, die monatlichen Raten zurückzuzahlen, also wandte Grace einen weiteren Trick an: Sie vermieteten das ganze Haus an ein Schauspielerpaar und mieteten ein Schlafzimmer für sich selbst zurück. Küche, Wohnzimmer und Bad wurden von allen gemeinsam benutzt.

Norma Jeane fühlte sich wie im Himmel. Ihre Traurigkeit war nach wenigen Tagen verflogen. Alles kam ihr hier schöner, freier, leichter, heller vor. Die Zimmer waren in Grün und Rosa gestrichen, anders als das Beige und Grau bei den Bolenders. Das lustige dunkelblaue Badezimmer hatte etwas Geheimnisvolles. Dass man das Bad dunkel hielt, damit man es nicht so oft putzen musste, wäre Norma Jeane nicht in den Sinn gekommen. Da vier Leute zu essen einkauften, war der Kühlschrank immer voll. Bei den Mahlzeiten konnte man sich richtig satt essen.

Grace und Gladys waren zwei lebenslustige Frauen, die gern in Bars oder ins Kino gingen. Dorthin nahmen sie das kleine Mädchen mit. Bei ihrem ersten Besuch dachte Norma Jeane noch an die Prophezeiung von Tante Ida, dass ein Mensch, der ins Kino ging, in die Hölle kommen würde. Doch da während des Filmes, in dem viel geküsst und geschossen wurde, keine Verdammnis über sie hereinbrach, vergaß die Kleine das *elfte* Gebot – *Du sollst nicht ins Kino gehen* – bald endgültig.

Los Angeles breitete sich in diesen Jahren explosionsartig aus. Durch die Wirtschaftskrise erkannten viele der Zugezogenen, dass die sogenannten sicheren Berufe sie nicht mehr vor Arbeitslosigkeit schützten und verdingten sich in der unsicheren, aber florierenden Filmindustrie. Seit dem Aufkommen des Tonfilms gab es dort viele neue Jobs. Techniker, Schauspieler beiderlei Geschlechts, Dekorateure, Zeichner, Lastwagenfahrer, aus jeder Branche wurden Leute gebraucht. Es verschlug auch viele Wanderarbeiter nach Hollywood. Das Ergebnis war eine bunte Mischung aus allen Teilen der USA, auch Mexikaner, Puerto-Ricaner, Kubaner, Kanadier und eingewanderte Asiaten tummelten sich in und um Hollywood.

Nicht nur Kinobesuche verloren für Norma Jeane alles Sündhafte, der gesamte Tagesrhythmus wurde den Gesetzen von Spaß und Vergnügen untergeordnet. Wenn es im Studio viel zu tun gab, arbeiteten Grace und Gladys von morgens bis abends hart. Sobald weniger geschnitten werden musste, amüsierten sie sich und schlossen Norma Jeane in dieses Leben mit ein. Die Frauen tanzten und sangen im Haus und hatten nichts dagegen, wenn die Kleine ihnen als Zauberfee Deidra Gesellschaft leistete. Waren sie nur zu dritt, durfte das Mädchen auch nackt umherspringen.

Mit dem Schauspielerpaar wurde Karten gespielt. Norma Jeane liebte es, Penny-Beträge zu gewinnen, und fühlte sich reich. Jeder in der Gemeinschaft hatte eine Menge Freunde, im Haus wurden Partys gefeiert. Sie spielten laute Musik, daher wäre es sinnlos gewesen, Norma Jeane früh ins Bett zu schicken. Manchmal hielt sie bis zum Morgengrauen mit.

Bei aller Freude über ihr neu gewonnenes Leben brach manchmal noch ihre religiöse Erziehung durch. Sie bekam es mit der Angst zu tun, ob sie und die anderen nicht doch in die Hölle kämen. In solchen Nächten kniete Norma Jeane vor ihrem Bett, wie Tante Ida es ihr beigebracht hatte, und betete um ihr Seelenheil.

Grace McKee wurde die beste Freundin des Kindes und nach Tippy ihre nächste große Liebe. Wenn Gladys keine Zeit hatte, nahm Grace das Kind manchmal mit in die Studios, zeigte ihr die monströsen Bauten der Historienfilme, deutete auf berühmte Schauspieler, die dort gerade entlangspazierten. Grace fachsimpelte gern über *ihre* Filme, die Streifen, an deren Schnitt sie arbeitete. So kam Norma Jeane nach und nach dahinter, dass die sogenannte Welt der Fantasie nichts Unwirkliches war, sondern eine Welt, die sich jeder herbeiwünschte. Die Menschen strebten danach, dem Alltag in einem ungeliebten Job zu entfliehen und sich stattdessen in Träume zu flüchten. Und in Hollywood wurden Träume für die ganze Welt produziert. Norma Jeanes Wunsch, Teil dieser Traumfabrik zu werden, wurde von Tag zu Tag größer.

Der Monumentalstreifen *King Kong und die weiße Frau*

kam in die Kinos. In ihrem Alter durfte Norma Jeane das Grusel-Epos noch nicht sehen, aber Grace spielte ihr einige Szenen auf dem Schneideapparat im Studio vor. Die Kleine hatte keine Angst vor dem riesigen Gorilla, bedauerte ihn vielmehr für seine unglückliche Liebe zu der platinblonden Hauptdarstellerin Fay Wray.

In New Jersey eröffnete das weltweit erste Autokino. Der kleine Ford A, dessen stolze Besitzerin Grace war, gehörte zu den Ersten, die sich dort in die Schlange stellten. Was für herrliche Filme in diesem Jahr anliefen! *Menschen im Hotel* mit Greta Garbo, *Shanghai-Express* mit Marlene Dietrich, *Morgenrot des Ruhms* mit Katharine Hepburn. Norma Jeane bekam eine Ahnung davon, dass es im Filmgeschäft nicht wie in der Bibel zuging, wo nur die Männer im Vordergrund standen. Die Leute strömten in die Kinos, um berühmte, starke, heldenhafte Frauen zu sehen, die aus Liebe wundervolle Taten vollbrachten.

In dieser Zeit begann sie, ein neues Doppelleben zu führen. Norma Jeane ging zur Schule und ordnete sich dem Willen der Lehrer unter, doch zu Hause genoss sie die Atmosphäre zweier origineller Frauen und schwebte auf Wolke sieben, wenn sie mit ihnen ins Kino gehen durfte. Mittlerweile geschah das nicht mehr nur in Gesellschaft von Grace und Gladys. An den Wochentagen, wenn beide arbeiteten, bekam sie Geld und durfte – ungeheure Sensation! – allein ins Lichtspielhaus. Sie saß ganze Nachmittage, manchmal bis spätabends in den riesigen Palästen und bewunderte ihre Stars. Norma Jeane setzte sich in die erste Reihe, weil sie auf diese Weise vom Rest des Kinos nichts mitbekam und ganz in die Traumwelt einzutauchen vermochte. Ein kleines Mädchen allein, vor sich eine Wunderwelt, die sie bald auswendig kannte, da sie das Kino mit Ende des Filmes nicht verließ, sondern gleich für die nächste Vorstellung sitzen blieb. Der Ticketpreis war der gleiche.

Am meisten bewunderte sie eine Schauspielerin, die als strahlende Blondine in *Dinner at Eight* eine Aufsteigerin spielte, Jean Harlow. Jeder Kinobesucher kannte die abenteuerliche Privatgeschichte dieses Stars. Harlean Harlow Carpenter, wie sie mit bürgerlichem Namen hieß, brannte sechzehnjährig mit einem Mann durch, verdingte sich in Hollywood als Statistin, spielte an der Seite von Laurel und Hardy und hatte ihren Durchbruch, als Howard Hughes seinen als Stummfilm begonnenen Streifen *Hell's Angels* als Tonfilm neu drehte und die Hauptdarstellerin durch Jean Harlow ersetzte. In diesem Film sagte sie den berühmten Satz, den sich Norma Jeane für immer merken sollte: *»Wären Sie schockiert, wenn ich mir bisschen was Bequemeres anziehe?«*

Noch immer waren fünfzehn Millionen Männer in den USA arbeitslos, die Selbstmordrate stieg in Rekordhöhen. Auch der Großvater von Norma Jeanes Mutter verlor seine bescheidene Existenz auf einem gepachteten Bauernhof und nahm sich das Leben. Gladys hatte ihren Großvater nicht gekannt, trotzdem stürzte sie sein Freitod in eine Krise, die Norma Jeane an ihrer Mutter noch nie gesehen hatte. Gladys lebte in ständiger Furcht, den Verstand zu verlieren. Ihr Vater war im Wahnsinn gestorben, ihre Mutter hatte vor Gladys' Augen eine manisch-depressive Psychose erlitten. Sie war überzeugt davon, dass auf ihrer Familie der Fluch der Geisteskrankheit liege und sie die Nächste in der Reihe sei.

Monatelang vermochte Gladys ihre Depression nicht zu

überwinden, was die Stimmung in dem kunterbunten Haus verdüsterte. Besonders das kleine Mädchen litt unter ihrer nicht ansprechbaren Mutter, unter deren Weinkrämpfen und Zuständen, wenn sie tagelang das Bett nicht verließ. Manchmal hielt Norma Jeane die Atmosphäre nicht länger aus, stürzte ins Schlafzimmer, riss die Vorhänge auf und rief: »Mama, aufstehen! Du musst den neuen Film mit Jean Harlow schneiden!«

Als Reaktion bekam sie nur ein dumpfes Seufzen zu hören. Das Kind erschrak, wenn sie ihre blasse, abgemagerte Mutter im grellen Tageslicht da liegen sah. Sie färbte ihr Haar nicht mehr, das Rot war herausgewachsen und wurde von einem undefinierbaren Grau verdrängt.

»Lass mich«, flüsterte Gladys. »Lass mich noch ein bisschen liegen.«

»Kommst du nicht raus?«, ließ Norma Jeane nicht locker. »Es ist so ein schöner Tag.«

»In Kalifornien ist jeder Tag so ein beschissen schöner Tag«, seufzte die Mutter. »Mach die Vorhänge zu. Ich kann die verdammte Sonne nicht ertragen. Geh schon, verschwinde.«

Als es auch nach einem Jahr nicht besser wurde, ließ Grace einen Neurologen kommen, der Gladys Psychopharmaka verschrieb. Die Reaktion war erschreckend. Sie erbrach sich häufig, stand oft stundenlang an eine Wand gelehnt da und sprach mit unsichtbaren Leuten. Norma Jeane bekam Angst vor der eigenen Mutter. Gladys' Zustand verwandelte sich in einen religiösen Wahn, bei dem sie betend durch das Haus wanderte, manchmal aber auch den Hollywood Boulevard hinunterlief, Fremde ansprach und sie bat, ihr den Weg zu Jesus zu zeigen.

Anfang 1934 wurde Gladys auf Initiative von Grace in ein Sanatorium eingewiesen, ein Arzt erklärte sie für klinisch verrückt. Sie erhielt keine psychiatrische Behandlung, sondern wurde medikamentös ruhiggestellt. Norma Jeane blieb bei Grace McKee, ihrer dritten Mutter in nur acht Jahren.

15

»Was machen wir jetzt mit dir?« Geheimnisvoll schraubte Grace ihren Lippenstift hoch. »Wir sollten eine berühmte Schauspielerin aus dir machen. Was hältst du davon?«

»Ausgerechnet jetzt?« Traurig sah Norma Jeane sich in dem Haus um, das ihr Zuhause geworden war. Es war nicht mehr dasselbe Haus. Zuerst hatte Gladys' Krankheit alles durcheinandergebracht, mittlerweile kamen auch noch die Sorgen des Schauspielerpaares Ron und Claire dazu, mit dem sie hier wohnten.

»Wir finden etwas Besseres.« Mit diesen Worten hatte Grace die große Veränderung angekündigt.

»Wieso besser?«, fragte Norma Jeane. »Ist das Haus denn nicht mehr gut genug für uns?«

»Deine Mama ist weg, und wir wissen nicht, wann sie wiederkommt. Ron und Claire wollen nach England zurückgehen. Das Haus wäre viel zu groß für uns beide.«

»Warum wollen Ron und Claire ausziehen?«

»Es ist eine besondere Sache mit Hollywood«, seufzte Grace. »Die einen macht es glücklich und reich, die anderen werden enttäuscht und schimpfen auf das Hollywood-System. Spätestens dann ist es an der Zeit, die *City of Angels* zu verlassen.«

»Warum schimpfen Ron und Claire auf Hollywood?«

»Weil sie hier nichts zu spielen kriegen.«

»Wieso nicht?«

»Schluss jetzt.« Wie eine Fackel hielt Grace den Lippenstift hoch. »Wir machen jetzt Jean Harlow aus dir.«

Norma Jeane setzte sich an den Schminktisch ihrer Mutter. »Geht das so einfach?«

»Mit der richtigen Haarfarbe wäre es möglich.«

»Habe ich die richtige Haarfarbe?« Norma Jeane starrte sich an.

»Du hast Straßenköterhaare. Doch es gibt wunderbare Mittelchen. Mit Wasserstoff wirst du so blond wie die Harlow.«

»Wo ist denn dieser Wasserstoff?« Aus großen Augen sah das Mädchen Grace an.

»Wasserstoff benützen wir erst, wenn du zehn Jahre älter bist. Heute fangen wir mit deinem hübschen Mund an.« Sie beugte sich vor, klemmte die Zunge zwischen die Lippen und bemalte Marilyns Mund in leuchtendem Rot.

Während das Gesicht von Grace dicht vor ihrem verharrte, bemerkte Norma Jeane, dass eine Frau über vierzig Linien und Furchen neben den Augen und auf der Stirn hatte. Auch um den Mund entdeckte sie solche Linien. Dieses Bild sollte sich Norma Jeane ein Leben lang einprägen.

»Deine Nase ...« Grace unterbrach die Verschönerung.

»Was ist damit?«

»Mit dieser Nase wirst du niemals eine Jean Harlow.«

»Wieso nicht?«

»Siehst du den Knubbel da?«

»Dort hatte ich immer schon einen Knubbel.«

»Wenn die Kamera nah auf dich draufgeht, wird dieser Knubbel zu einem Berg, einem Gebirge. Die Kamera sieht und vergrößert alles. Keine Filmkarriere mit Knubbel, merk dir meine Worte.«

Norma Jeane nahm sich vor, sich das gut zu merken. Was

man allerdings gegen einen angeborenen Nasenknubbel machen sollte, war ihr schleierhaft.

Der Ausflug in die Welt der blonden Filmstars endete abrupt, da in diesem Moment die Leute für die nächste Besichtigung eintrafen.

»Hallo?«, rief eine Stimme an der Tür.

»Nur herein!« Grace ordnete ihr Haar und lief zum Eingang.

***

Norma Jeanes Mutter Gladys musste gottlob nicht in eine geschlossene Abteilung. Sie bekam die Genehmigung, ihr Kind alle zwei Wochen zu besuchen. Während ihres letzten Aufenthalts hier hatten Grace und sie alles besprochen. Beim Spielen im Nebenzimmer war Norma Jeane das meiste entgangen, ein paar Dinge hatte sie aber aufgeschnappt. Ron und Claire hatten den Mietvertrag gekündigt. Von der Nervenklinik aus konnte Gladys keine geschäftlichen Abmachungen treffen. Daher setzten sie zusammen ein Papier auf, wonach Gladys die Verfügungsgewalt über ihren ganzen Besitz an Grace überschrieb. Bevor die Bank ihnen das Haus wegen ausbleibender Ratenzahlungen wegnehmen konnte, bot Grace die Immobilie zum Verkauf an. Sie engagierte dafür keinen Makler, sondern übernahm es selbst, die Inserate zu schalten, die Telefongespräche und den Papierkram zu erledigen und hatte in kurzer Zeit an die zwanzig Besichtigungstermine. Da keine der Bewohnerinnen an dem Haus etwas renoviert hatte, war es ziemlich abgewohnt. Trotzdem gelang es Grace, es geschickt anzupreisen und seine Vorzüge in leuchtenden Farben darzustellen.

»Über die Straße dort erreichen Sie die Paramount Studios in wenigen Minuten. Zum Meer brauchen Sie keine Viertelstunde und über den Highway sind Sie im Nullkommanichts in der City.«

Grace war so raffiniert, die Bewerber nur am späten Nachmittag einzuladen, weil die tiefstehende Sonne dann die schäbige Einrichtung in ein romantisches Licht tauchte. Auch die zweifelhafte Umgebung spiegelte um diese Tageszeit den Charme von Bohème und Künstlertum wider.

»Wie schön, dass Sie da sind«, begrüßte Grace die nächsten Besucher, ein junges Ehepaar. »Haben Sie es gleich gefunden? Es liegt ja ziemlich zentral. Wollen wir sofort mit der Führung beginnen?«

Während sie im Erdgeschoss die Räume zeigte, erkundigte sich Grace nach dem Beruf und damit der Finanzkraft der Interessenten.

»Schauspieler sind Sie beide?«, rief sie. »Dann wäre unser Haus ideal für Sie. Verkaufen Sie denn Ihr bisheriges Haus, um das hier zu finanzieren?«

Es war die übliche Praktik in den Vereinigten Staaten, beim Umzug einen Kredit für ein neues Haus aufzunehmen, während man noch dabei war, die vorhergehende Immobilie zu verkaufen.

»Ich habe eine Erbschaft gemacht«, antwortete die junge Schauspielerin.

»Wie wunderbar. Ich gratuliere.« Grace beschloss, diese Leute nicht von der Angel zu lassen. Eine Erbschaft war allemal sicherer als ein Kredit. »Übrigens, singen Sie auch?«, lockte sie. »Ich habe Ihnen noch gar nicht unseren wunderbaren Flügel gezeigt.«

»Ich singe tatsächlich«, antwortete der junge Mann.

Grace schlug den Deckel auf. »Dann sage ich Ihnen in Hollywood eine glänzende Karriere voraus. Nun, da der Tonfilm boomt, wollen alle Studios nur noch Musicalfilme drehen.«

Der junge Mann klimperte ein paar Töne. »Wie schön, dass es hier ein Klavier gibt«, sagte er zu seiner Partnerin.

Eine Woche später war das Haus samt Flügel verkauft. Grace machte dabei sogar noch Gewinn. Damit konnte sie Gladys' Schulden bezahlen und hatte genug, um Norma Jeanes Unterhalt zu bestreiten. Die beiden zogen in ein Apartment, das näher bei der Nervenklinik lag. Es gefiel Norma Jeane nicht so gut wie ihr verrücktes Haus, in dem sie zum ersten Mal unbeschwert gewesen war. Aber solange ihre Freundin Grace auf sie aufpasste, konnte ihr nichts passieren.

***

Es konnte etwas passieren. Grace McKee verliebte sich. Das war ihr seit Jahren nicht mehr passiert. Sie verliebte sich in einen Mann, der Ervin Silliman Goddard hieß, *Doc Goddard* genannt wurde und Grace' Leben von Grund auf umkrempelte.

Er krempelte auch das Leben Norma Jeanes von Grund auf um. Ervin war zehn Jahre jünger als Grace, sah gut aus und besaß Charme. Er war genau jener Kerl, über den man von vornherein sagen konnte, dass er Unglück bedeutete. Und Grace rannte sehenden Auges in ihr Unglück.

»Ich habe noch nicht raus, wie ich diesen Sheriff spielen soll«, rief Doc Goddard. Mit ausladenden Schritten stolzierte er durch das Wohnzimmer.

»Du machst das fantastisch, Ervin.« Grace saß auf der Couch, rauchte und blätterte in einem Magazin.

Norma Jeane beobachtete den neuen Mann ihrer neuen Mutter neugierig. Einen wie ihn hatte sie noch nie gesehen. Er war Schauspieler, aber er spielte nie irgendetwas. Er bereitete sich dauernd auf Rollen vor, die er dann nicht bekam. Dabei machte er seine Sache so schlecht, dass Norma Jeane häufig hinter dem Sofa verschwand, weil sie heimlich über ihn lachen musste. Einmal hatte Doc sie beim Lachen erwischt und minutenlang geschimpft: Er müsse sich vorbereiten und an der Rolle arbeiten. Dieses Zimmer sei in der Bruchbude von Bungalow der einzige Raum, wo man sich einigermaßen bewegen könne. Bis er mit seinem Rollenstudium fertig sei, hätten die Kinder ihre Klappe zu halten, nicht herumzuzappeln und vor allem nicht zu kichern.

Obwohl Norma Jeane sich gerade erst in dem neuen Apartment eingelebt hatte, waren sie wieder umgezogen. Kaum hatte Grace den großgewachsenen, breitschultrigen Ervin angeschleppt, läuteten schon die Hochzeitsglocken. Im August 1935 fand die Trauung statt, im September bezogen sie den Bungalow.

Norma Jeane war erst neun Jahre alt, aber sie konnte einen Bungalow von einer Bruchbude unterscheiden. Das Haus glich einer Baracke. In der Umgebung trieb sich Gesindel herum. Alles musste man mit Ketten und Schlössern sichern, damit es nicht geklaut wurde. Das Klo stank pestilenzartig und lief ständig über. Wahrscheinlich verstopfte eine tote Ratte den Abfluss. Norma Jeane hatte sich angewöhnt, durch den Mund zu atmen, wenn sie auf die Toilette ging.

Aus den Leitungen kam braunes Wasser, das Ervin nicht

trinken wollte, den Kindern aber zumutete. Aus Hygiene-
gründen hielt er sich lieber an Bier, von dem immer ein großer Vorrat im Kühlschrank stand. Und da Ervin vorzugswei-
se Bier trank, wurde es bald auch Grace' Lieblingsgetränk.
Die leeren Kästen stapelten sie hinter dem Bungalow.

Die Kinder. Auch das war neu. Doc hatte drei Kinder aus
erster Ehe, die bei der Mutter lebten. Die Mutter sah nicht
ein, dass er sein neues Liebesglück genießen sollte, während
sie sich mit seinen Blagen abmühte; deshalb gab sie eines an
ihn ab. Ervin entschied sich für Nona, sie war die Schmäch-
tigste, er hoffte, dass sie am wenigsten essen würde.

Norma Jeane gefiel die Aussicht, eine Spielkameradin zu
bekommen, doch Nona war nicht nur schmächtig, sondern
auch hochnäsig. Sie sah sich als das wahre Kind in der
neuen Familie an, weil sie vom Vater abstammte. Nona behandelte Norma Jeane wie ihre Angestellte. Die wiederum
hoffte auf Unterstützung durch ihre *Mama*, aber Grace war
blind verliebt in den Doc. Ihre Antwort lautete meistens:
»Nona muss erst lernen, zu teilen. Das spielt sich alles noch
ein, hab Geduld.«

»Wieso wird Onkel Ervin denn Doc genannt?«, hatte
Norma Jeane zu Beginn der Romanze gefragt.

»Sein Vater ist Chirurg gewesen«, erklärte Grace.

»Aber wenn sein Daddy Chirurg war, kann man ihn doch
nicht Doc nennen«, entgegnete Norma Jeane mit entwaff-
nender Logik.

»Mach deine Hausaufgaben«, lautete Grace' unlogische
Antwort.

»*Hey, Bill!*«, schmetterte der Doc zum wiederholten Mal
ins Wohnzimmer. »*Hier riecht's nach Blei, mein Junge!*«
Der imaginäre Filmpartner Bill schien darauf nicht zu

antworten, sondern zog den Revolver und schoss. Der Doc wurde getroffen und spielte folgerichtig seinen Tod. Er starb nicht würdevoll, Ervin zog stattdessen eine grauenhafte Knattercharge ab. Er krümmte sich, keuchte, stöhnte, ächzte, griff an seine Wunde, klammerte sich an einen Stuhl, sank auf die Knie, rollte die Augen, hob betend die Hände, empfahl sich seinem Schöpfer und hauchte zuletzt Worte, die gar nicht im Skript standen: »*Diese Stadt ist nicht groß genug für uns beide, Bill.*« Danach starb der chronisch unbegabte Ervin und lag mit weit geöffneten Augen auf dem Teppich. Zu diesem Zeitpunkt war Norma Jeane längst wieder hinter dem Sofa verschwunden und hielt sich den Bauch vor Lachen.

»Wie fandst du's?« Doc kam auf die Beine und wollte konstruktive Kritik von Grace hören.

Ehrlicherweise musste man sagen, sie hatte nicht hingeschaut. Doc vollführte die Szene zum x-ten Mal, Grace las lieber in ihrem Heft.

»Das machst du großartig, Darling«, sagte sie trotzdem.

»Ist dir aufgefallen, dass ich Bill diesmal nicht aus den Augen gelassen habe? Denn die Augen sind vor der Kamera das Wichtigste.«

»Du hast wunderbare Augen, Ervin«, erwiderte sie, ohne aufzublicken.

»Fandest du meine Augen gut?«

»Wunderbar. Ich wüsste nicht, wie man es besser machen könnte.«

»Glaubst du, ich bin bereit für die Rolle?«

»Wer, wenn nicht du?« Sie blätterte um.

»Meinst du das auch ehrlich?«

Grace begriff, dass sie ihn nicht länger mit Floskeln abspeisen konnte, und legte das Heft beiseite. »Du bist der beste Sheriff seit Wyatt Earp. Der beste, den sich das Studio wünschen kann. Du wirst diesen Sheriff großartig spielen, denk an meine Worte.«

»Ich glaube auch«, antwortete Ervin zuversichtlich. »Einmal sollte ich es noch üben, was meinst du?«

»So oft du willst, Darling.« Grace griff wieder zum Magazin.

»*Hey, Bill! Hier riecht's nach Blei, mein Junge!*«, startete Doc die Szene von neuem.

Überflüssig zu sagen, dass er die Rolle nicht bekam. Genauso wenig wie jede andere Rolle, auf die er sich vorbereitete. Ervin war schlecht, der mieseste Schauspieler, den Norma Jeane je gesehen hatte, und sie hatte einige gesehen. Er war kein Schauspieler, sondern spielte vielmehr, wie es wäre, ein Schauspieler zu sein, der eine Rolle probte. Das Ganze war erbärmlich und wurde in dieser erbärmlichen Baracke noch erbärmlicher.

Sooft Ervin angetrunken war, träumten er und Grace davon, was sie mit dem Geld machen sollten, wenn seine große Karriere endlich beginnen würde. An solchen Abenden war er friedlich, und Norma Jeane konnte in Ruhe spielen.

Die häusliche Situation änderte sich allerdings, als Ervin witterte, dass ihre finanzielle Lage immer beklemmender wurde. Da Grace vorwiegend *für die Liebe lebte*, arbeitete sie kaum noch. Weil sie oft betrunken war, hatte sie kurzfristige Angebote des Studios mehrmals ablehnen müssen. Ervin verdiente so gut wie nichts. Manchmal besetzte man ihn in der Statisterie, dann brachte er abends ein paar Dollar heim. Mitunter wurde der großgewachsene Doc auch als Double eingesetzt, wenn ein Schauspieler in einer Einstellung nur von hinten zu sehen war und keine Lust hatte, stundenlang zur Verfügung zu stehen. Etwas mehr Geld sprang heraus, wenn Doc für einen Stunt einspringen durfte. Der Sturz über eine Treppe, ein Sprung ins Wasser, die Flucht aus einer brennenden Scheune – mit abgewandtem Gesicht doubelte Ervin dann den Schauspieler.

Abends beobachtete Norma Jeane schadenfroh, wie Grace ihre große Liebe mit Brandsalbe behandelte oder sein aufgeschürftes Knie verband. Der unbegabte Doc tat wirklich alles, um beim Film einen Fuß in die Tür zu kriegen, und scheiterte doch kläglich.

»Das geht nicht so weiter«, sagte er eines Morgens, während Norma Jeane sich für die Schule fertigmachte. Doc wollte nicht, dass sie mithörte, aber die Tür war nur angelehnt. »Ich kann nicht länger die ganze Familie durchbringen. Hier ist ein Esser zu viel.«

»Wer ist zu viel?«, fragte Grace schlaftrunken.

»Jedenfalls nicht Nona«, gab er zurück. »Sie isst ja kaum etwas.«

»Du meinst also, wir sollten …«

Den Rest hörte Norma Jeane nicht, da Doc nun doch die Tür schloss.

Zwei Wochen später wurde sie in das Waisenhaus *Los Angeles Orphans Home* in North El Centro Hollywood eingewiesen.

»Es ist nur für kurze Zeit«, versicherte der Doc dem Mädchen, während Grace half, ihre Sachen zu packen. »Ich mache bald großes Geld, wirst schon sehen. Dann ziehen wir alle in ein besseres Haus und leben glücklich und zufrieden beisammen.«

Norma Jeane versuchte, im Gesicht ihrer *Mama* zu lesen,

was die dazu meinte. Grace hatte Tränen in den Augen, rauchte hastig eine Zigarette, ihre Hände zitterten. Aber sie sagte kein einziges Wort der Verteidigung. Sie sah in Ervin den Mann ihres Lebens und traute sich nicht, dieses Glück aufs Spiel zu setzen. Grace brachte Norma Jeanes Köfferchen zum Auto und küsste sie zum Abschied. Ervin sollte das Kind zum Waisenhaus fahren.

Nachdem sie eingestiegen war, schaute Norma Jeane noch einmal durch das Rückfenster und sah eine feixende, grinsende Nona in der Haustür stehen, die der Ausgestoßenen hämisch nachwinkte.

16

Das Heim hatte sechzig Plätze. Kaum eines der Kinder war eine Waise. Die meisten kamen aus ähnlichen Verhältnissen wie Norma Jeane, sie waren *vorübergehend* eingewiesen worden, denn die Folgen der Wirtschaftsdepression hielten Amerika immer noch im Griff.

Samstag war Besuchstag. Grace hatte versprochen, jeden Sonnabend zu kommen. Häufig nahm sie Norma Jeane an diesen Nachmittagen mit ins Kino. Dabei ging es Grace nicht nur um den Film. Im *powder room* der großen Kinos standen billige Kosmetikprodukte bereit, Rouge, Eyeliner, Lippenstift, damit wurde Norma Jeane im Stil Jean Harlows geschminkt.

»Du bist perfekt, Darling«, sagte Grace, wenn sie das Ergebnis betrachtete. »Bis auf deinen Nasenknubbel.«

Der Satz wurde zum Mantra, das Norma Jeane nie loslassen sollte. Die Zehnjährige begriff, dass es im Leben um Perfektion ging, dass sie aber niemals perfekt sein würde. Dieser Glaubenssatz brannte sich tief in ihre Seele. Sie konnte weder als Jean Harlow perfekt sein noch als irgendjemand anders, aber zuallerletzt würde sie als Norma Jeane Baker je Perfektion erreichen.

An einem dieser Samstage kam Grace nicht mehr zu Besuch. Das Mädchen war überzeugt, etwas Wichtiges müsse dazwischengekommen sein. Doch als Grace auch am zweiten und dritten Sonnabend nicht im großen Tor des Waisenhauses erschien, sah Norma Jeane die Mauern ihrer kleinen Welt zusammenstürzen und sich selbst allein auf einer einsamen, schwarzen Fläche zurückbleiben. Mit jedem Samstag, den Grace weiterhin nicht auftauchte, zog sich diese Fläche mehr zusammen und verwandelte sich in einen Brunnenschacht, auf dessen tiefstem Grund Norma Jeane zusammengekrümmt lag. Hoch über ihr sah sie das Licht eines bleiernen Himmels. Die Wände des Brunnens waren zu steil, zu glatt, um jemals wieder dort hinaufzugelangen.

In der Realität des Waisenhauses brach Norma Jeane wegen der geringsten Anlässe in Tränen aus. Ein Ast vor ihrem Fenster wurde abgesägt, sie trauerte um den Ast. Bei der Essensausgabe war der Nachtisch ausgegangen, Tränen und Untröstlichkeit. Nachts erwachte sie vom kleinsten Geräusch und wanderte schlaflos durch die dunklen Korridore.

»D-die k-kommen und holen m-mich, und d-dann m-machen wir eine g-große R-r-reise.«

Es fiel den Lehrern erst nach Wochen auf, dass Norma Jeane zu stottern begonnen hatte. Sie bekam ein nervöses Augenzucken, die Haare fielen ihr aus. Als einzig möglichen Ausweg aus dem schwarzen Brunnen flüchtete Norma Jeane wieder in ihre Fantasiewelten. Diesmal waren es keine hellen Räume, von Musik erfüllt, in denen Deidra, die Zauberfee, durch das Leben tanzte, diesmal projizierte das Mädchen ihre Träume nach außen. Sie erfand Fantasieeltern, die keinerlei Ähnlichkeit mit Grace und Ervin hatten, auch nicht mit ihrer richtigen Mutter Gladys. Diese Eltern waren elegante Menschen, die in New England in einer schlossähnlichen Villa lebten. Sie erschienen in Frack und Abendkleid zum Dinner, gingen häufig aus, erfanden neue Drinks und reisten viel. Von Beruf waren sie Archäologen, die stets zu neuen Abenteuern aufbrachen. Durchaus verständlich also, dass sie nicht viel Zeit für Norma Jeane hatten. Doch sie schickten ihr Postkarten, auf denen die Pyramiden abgebildet waren oder die Moschee von Istanbul und andere Sehenswürdigkeiten.

Norma Jeane schnitt die Fotografien dieser Attraktionen aus den *National Geographic*-Heften aus, die dem Waisenhaus gespendet worden waren. Obwohl danach Seiten fehlten, stellte sie die Hefte wieder ins Regal zurück. Sie klebte die ausgeschnittenen Bilder auf Postkarten, die sie mit *Mummy* und *Daddy* unterschrieb und an sich selbst schickte. Ihre Kameradinnen nahmen Norma Jeane die Erzählungen über ihre außerordentlichen Eltern ab und beneideten sie.

Die Waisenhausleiterin erkannte die wahren Umstände, als sie den Ursprung von Norma Jeanes *Bastelarbeiten* entdeckte. Das Kind wurde bestraft, musste allein essen und durfte an den Gemeinschaftsaktivitäten nicht mehr teilnehmen. Der Brunnen, auf dessen Grund Norma Jeane lag, wurde tiefer und tiefer.

Schließlich teilte die Heimleitung Gladys Baker mit, dass ihre Tochter nicht mehr die Erfordernisse eines normalen Heimkindes erfülle. Sie müsse abgeholt werden, andernfalls werde man sie in eine psychiatrische Einrichtung überstellen. Gladys erhielt diese Benachrichtigung nie. Sie hatte sich ganz in ihre Umnachtung zurückgezogen und war kaum noch ansprechbar.

Das Schreiben wurde an Grace weitergeleitet, und endlich meldete sich deren schlechtes Gewissen. Grace hatte Gladys versprochen, sich um ihre Tochter zu kümmern, sie hatte Geld dafür genommen. Grace ließ Ervins Einwände nicht länger gelten, wandte sich an das Familiengericht und bekam die Vormundschaft für Norma Jeane zugesprochen.

Um aus dem Teufelskreis ihrer passiven Existenz auszubrechen, begann Grace, wieder als Cutterin zu arbeiten. Am 7. Juni 1937, zwei volle Jahre nach der Einweisung, holte sie Norma Jeane aus dem Waisenhaus ab. Zusammen kehrten sie in die Bruchbude zurück, deren einzige Verbesserung die Beseitigung der toten Ratte gewesen war. Der Abfluss im Klo war frei.

Grace brachte das Geld nach Hause und ernährte die Familie, während Ervin weiter dem aussichtslosen Traum nachhing, Schauspieler zu werden. Seine Tochter Nona versuchte erneut, ihre *Schwester* zu piesacken, aber im Waisenhaus war Norma Jeane hart und schlau geworden. Sie wusste mittlerweile, wie man einem Kind das Leben zur Hölle machte. Das Verhältnis der Mädchen drehte sich um. Von nun an fügte sich Nona unter das Regiment der Jüngeren.

Ervin *Doc* Goddard war ein unglücklicher Mann, dem sein Scheitern wohl bewusst war. Andere Männer in ähnlichen Situationen akzeptierten, dass ihr Lebensplan nicht aufging, und suchten nach einem neuen. Nicht aber Ervin. Er hatte eine zehn Jahre ältere Frau geheiratet, die ihn bewunderte und begehrte, die meistens fröhlich war und Geld verdiente. Leidenschaft oder gar Liebe waren nicht im Spiel. Ervin fand Grace auch nicht besonders attraktiv – ganz im Gegensatz zu sich selbst. Manchmal stand er nackt vor dem Spiegel und verzweifelte darüber, dass er diese Pracht an eine Frau vergeuden musste, die ihre besten Jahre hinter sich hatte. Ervin wollte begehrt werden und sich und der Welt beweisen, was er für ein toller Kerl war.

Schnelle, unwichtige Affären für eine Nacht hatte er schon gehabt. Es liefen genügend Frauen in den Studios herum, die sich mit dem breitschultrigen Doc einließen. Damit war er nicht mehr zufriedenzustellen. Er suchte das Besondere. Wenn sich seine Schauspielkarriere verzögerte, wollte er wenigstens als Don Juan Außergewöhnliches erleben.

»Du solltest nicht so freizügig herumlaufen«, sagte er an einem drückenden Augustabend zu Norma Jeane. Grace arbeitete bis in die Nacht im Schneidestudio, Nona hatte er zu einer Freundin geschickt.

Die Elfjährige nahm die Rüge wörtlich und ging auf ihr Zimmer.

»Sorry, Onkel Ervin.« Mit einer Strickjacke kam sie zurück.

Der Doc brach in Gelächter aus. »So habe ich es nicht gemeint. Wir haben August.«

»Aber hast du nicht gesagt …?«

»Deshalb brauchst du dir keine Winterjacke anzuziehen. Ich finde nur, aus diesen Shorts bist du rausgewachsen.«

Norma Jeane war noch ein Kind, aber sie hatte begriffen, dass sobald Tante Grace sie mit Lippenstift und Rouge schminkte, dieses Kind verschwand und eine hübsche junge Frau zum Vorschein kam. Sie verstand, was Ervin meinte, und wollte ihm keinen weiteren Anlass zur Unzufriedenheit geben. Norma Jeane verschwand ein zweites Mal im Mädchenzimmer, zog die Shorts aus und nahm lange Jeans aus der Schublade. Ein Geräusch ließ sie zusammenfahren.

»Was ist denn, Onkel Ervin?«

Er stand in der Tür.

»Ich ziehe mir etwas an, wie du das wolltest.«

»So, wie du bist, gefällst du mir auch.« Er grinste.

»Danke.« Der Schweiß brach ihr aus. Irgendetwas sagte ihr, dass Gefahr im Verzug war.

»Meinetwegen brauchst du die Hose nicht anzuziehen«, erwiderte er mit tiefer Stimme.

»Ich kann wohl kaum im Schlüpfer rausgehen.«

»Wer sagt, dass du überhaupt rausgehen sollst?« Er kam näher. »Wir haben es hier doch ganz gemütlich.«

»Gemütlich – wie meinst du das?«

Er fasste sie an. Er streichelte sie. Unvermittelt streichelte er sie an einer Stelle, an der sie noch niemand angefasst hatte. Der Doc warf Norma Jeane aufs Bett. Er machte etwas mit seiner Hose. Sie bat ihn aufzuhören. Sie bat ihn noch lauter. Er hielt ihr den Mund zu. Er machte an seiner Hose weiter. Mit einem Griff zerriss er ihren Slip. Norma Jean schrie, begriff aber, dass Schreien nichts nützte. Sie verstummte und wollte warten, bis er hatte, was er wollte.

In den Fox-Studios hatte die große Kopiermaschine ihren Geist aufgegeben, eine Reparatur war erst morgen möglich. Grace freute sich, den freien Abend mit ihrer Familie zu verbringen. »Hallo? Ist niemand da?«, rief sie aus dem Wohnzimmer.

Augenblicklich brachte Ervin seine Hose wieder in Ordnung. Dazu musste er Norma Jeane loslassen.

»Wo seid ihr denn? Hallo?« Grace suchte in der Küche weiter. »Wo ist mein großer Doc? Norma Jeane? Ihr werdet doch nicht weggegangen sein und vergessen haben, das Haus abzusperr…«

Weiter kam sie nicht. Eine weinende, zitternde Norma Jeane stürzte ihr aus dem Schlafzimmer entgegen. Sie trug eine wollene Strickjacke, unten herum hatte sie nichts an.

»Was ist denn … was!«, rief Grace empört.

»Es tut mir leid … es tut mir so leid …«, stammelte das

Mädchen unter Tränen. »Ich wollte es nicht, er hat mich …
Er hat mich angefasst … Da …«

»Wer hat dich angefasst?«, schrie Grace, obwohl sie den
Zusammenhang schon begriff. »Wer war das Schwein?!«

Das Schwein kam angezogen aus dem Schlafzimmer.
Ervin hatte zwei Möglichkeiten. Er konnte die Schuld auf
Norma Jeane schieben, weil sie sich an ihn herangemacht
hätte. Aber seine Frau würde ihm die freche Lüge nicht
abnehmen, nicht bei einem elfjährigen Kind. Ervin wählte
also Variante zwei – das Missverständnis.

»Die Kleine hat mich vollkommen missverstanden.« Er
lachte das sonnige Doc-Lachen, das er bei den Sheriffs an-
gewandt hatte, auf die er sich vorbereitete. »Du hast mich
falsch verstanden, Norma Jeane.« Er wollte ihr die Hand
auf die Schulter legen.

Sie floh zu Tante Grace. »Nein!«

Ervin sah seine Frau an. »Wir haben gespielt, nichts weiter. Dabei muss sie irgendwas falsch verstanden haben.«

»Wir haben nicht gespielt!«, rief Norma Jeane mit gellen-
der Stimme. »Das war kein Spiel mehr.«

Es wurde mucksmäuschenstill in der Bruchbude. Grace
hielt das Kind im Arm. »Wie schade«, sagte sie leise.

»Was ist schade, Darling?«

»Dass man niemandem trauen kann. Keiner Menschen-
seele auf der Welt.«

Ihr Blick, ihre Haltung brachten Ervin zum Verstummen.

Kurz darauf, nur ein paar Monate, nachdem Grace das
Mädchen aus dem Waisenhaus abgeholt hatte, schickte sie
Norma Jeane wieder fort.

»Es tut nicht gut, wenn ihr beide unter einem Dach lebt«,
erklärte sie dem Kind.

»Aber warum muss ich fort von hier?« Norma Jeane versuchte, der neuerlichen Verbannung zu entgehen. »Ich habe nichts gemacht. Ich habe gar nichts gemacht!«

»Du bist jung. Du wirst von Tag zu Tag schöner«, erwiderte Grace. »Es ist nicht deine Schuld, aber die Ervins auch nicht. Er ist ein Mann. Er muss dich jeden Tag ansehen, wenn du in deinen knappen Jeans durch das Haus wackelst.«

»Nona hat auch Jeans an. Sie wackelt auch!«, rief Norma Jeane in höchster Panik.

»So wie du wird Nona niemals wackeln«, seufzte Grace. »Es ist das Beste so, glaub mir.«

»Das Beste für wen?«, fragte Norma Jeane mit gläserner Schärfe.

Nach einem langen Blick nickte Grace betrübt. »Ja, du hast recht. Es ist das Beste für mich. Ich will diesen Mann nicht verlieren. Ich finde keinen mehr wie ihn.«

»Aber er ist ein mieser Kerl«, brach es aus dem Kind heraus. »Er ist widerlich und ein grauenhafter Schauspieler. Er wird nie einen Sheriff spielen, nicht mal einen Hilfssheriff!« Norma Jeane hatte sich nicht mehr im Griff.

»Ich weiß. Und er weiß es, glaube ich, auch. Aber ich liebe ihn nun mal. Und ich werde ihn nicht gehen lassen.« Sie begann, Norma Jeanes Sachen zu packen. »Tief in seinem Inneren ist mein Doc eben doch ein Sheriff. Solange es geht, werde ich ihn das glauben lassen.« Sie öffnete die Schubladen. »Du wirst es dort guthaben, wo ich dich hinbringe.«

»Wohin?«, rief Norma Jeane bitterlich weinend. »Wohin denn jetzt? Wohin mit mir?«

17

Die nächste Verwandte kam ins Spiel, eine Großtante, bei der Norma Jeane unterschlüpfen sollte, eine Frau, die selbst zwei Jungen zu ernähren hatte. Wieder eine, deren Mann durchgebrannt war und die sich als Wanderarbeiterin verdingte.

Diesmal war es einer ihrer Söhne, dem die blonde *Cousine* gefiel und der behauptete, was er im Hühnerstall mit ihr mache, sei harmlos, ein Spiel nur: Sie sei die Patientin, als Doktor wolle er sie untersuchen. Beim Ausdruck *Doktor* musste Norma Jeane an den grässlichen Doc in ihrem früheren Zuhause denken.

Die Spiele im Hühnerstall wiederholten sich, aber sie traute sich nicht, davon zu erzählen, da vorherzusehen war, wem die Großtante eher glauben würde, ihrem Sohn oder dem neuen Ziehkind.

1938 brach Gladys Baker aus dem Sanatorium in Norwalk aus. Eine volle Woche irrte sie durch die Felder der Vorstadt von Los Angeles, schlief im Gras, kletterte auf Bäume, wenn sie sich vor Kojoten fürchtete, bis sie endlich eingefangen und in eine geschlossene Anstalt bei San Francisco gebracht wurde. Von nun an war Norma Jeanes Mutter vierhundert Meilen von ihrer Tochter entfernt.

An ihrem zwölften Geburtstag kündigte der zudringliche Cousin ein Geschenk für Norma Jeane an, das sie im Hühnerstall finden würde. »Das ist wohl eher ein Geschenk für dich«, entgegnete sie und wehrte ihn ab. Als er nicht lockerließ, zog sie sich zur Großtante in die Küche zurück und half ihr beim Kuchenbacken, bis draußen ein Wagen hielt.

Es war Grace, die ihrer Schutzbefohlenen zum Geburtstag gratulierte. Sie und Norma Jeane, die Großtante und die Cousins aßen auf der Veranda Kuchen und tranken Limonade. Grace sagte, wie froh sie sei, dass Norma Jeane es bei der Familie so gut getroffen habe. Das Geburtstagskind traute seinen Ohren nicht: Grace spielte tatsächlich *heile Welt*, obwohl sie wissen musste, dass sie Norma Jeane von einer schrecklichen Lebenslage in die nächste verfrachtet hatte. Das armselige Leben bei der Wanderarbeiterin, die Nachstellungen des Cousins, die mittelmäßige Schule, in die sie ging! Schämte sich Grace nicht, ihr das anzutun? Doch die lächelte nur und rief ein ums andere Mal: »Ich freue mich, dass es dir hier so gut geht.« Norma Jeanes einzige Freude war, dass sie den Nachstellungen des Cousins an diesem Tag entkommen war.

Als er sie bald darauf mit einer juckenden Sache ansteckte, waren die Vorgänge im Hühnerstall nicht länger geheim zu halten. Obwohl der Cousin versicherte, die Sache sei von Norma Jeane ausgegangen, durchschaute die Großtante die Wahrheit. Sie fürchtete Ärger mit dem Gesetz, falls das Mädchen seine Geschichte der Polizei erzählte, und zeigte ihr, wie man die Angelegenheit mit einer Salbe behandelte. Sobald die Infektion ausgeheilt war, brachte sie Norma Jeane zu Grace zurück, die das Mädchen jedoch keinen Tag bei sich behielt.

»Du wirst ganz in meine Nähe ziehen«, versuchte sie zu beschwichtigen und kündigte zugleich die nächste Vertreibung an. »Tante Ana ist ein großartiger Mensch, herzensgut und strenggläubig. Sie ist die Schwester meines Vaters. Wir alle lieben sie. Sie wohnt so nahe von hier, dass ich dich jede Woche besuchen kann.«

Norma Jeane hatte noch nie etwas von der Christian Science gehört, deren Mitglied die neue Tante war. Das Mädchen hatte Angst vor einer neuen Religion, die sie an ihre Zeit bei den Bolenders erinnerte, so wie sie inzwischen vor fast allem Angst hatte, was sie zu sehr bedrängte. Die Männer, die der kaum Dreizehnjährigen nachjagten und Unzucht mit ihr ganz natürlich fanden. Angst, alleingelassenzuwerden. Angst, eines Tages so zu werden wie Mutter Gladys, deren Schizophrenie sie entweder in Wahnvorstellungen oder völliger Agonie dahinvegetieren ließen. Norma Jeane hatte auch Angst davor, wieder umziehen zu müssen, neue Umgebung, neue Regeln und wahrscheinlich neue Männer, die es auf sie abgesehen hatten.

Sie täuschte sich. Es sollte die erste angenehme Täuschung ihres Lebens werden. Ana Lower war eine füllige Frau mit weißem Haar. Die Witwe besaß mehrere Bungalows, von deren Vermietung sie lebte. Sie wollte Tante Ana genannt werden und war die vierte Pflegemutter Norma Jeanes. Ihre Zugehörigkeit zur Christian Science war überall im Haushalt zu spüren, doch sie drängte dem Kind ihren Glauben nicht auf.

Die Christian Science, von Mary Baker Eddy ins Leben gerufen, war so etwas wie die wissenschaftliche Betrachtung der Bibel, der ein System des Heilens zugrunde lag. Die Gründerin behauptete, damit den wahren Schlüssel zur Heiligen Schrift gefunden zu haben. Diese Religion erfreute sich Tausender Mitglieder und hatte ihre Mutterkirche in Boston.

Norma Jeane mochte die dicke alte Frau von Anfang an

und wollte ihr diese Zuneigung zeigen, indem sie die Exerzitien zur Lebensführung der Christian Science befolgte. Doch es war so eine Sache bei ihr mit der Religion: Bei den Bolenders hatte sie mit Jesus auf dem falschen Fuß begonnen und konnte sich nicht lange für Tante Anas Auslegung des Christentums begeistern.

Obwohl Norma Jeane äußerlich für frühreif gehalten wurde, durchlebte sie erst jetzt ihre Pubertät. Die puritanische Einstellung der Christian Science zum menschlichen Körper, die Verdammung jeder Sinnesfreude, die nicht *geistiger* Natur war, machten diesen Glauben für das Mädchen unmöglich. Ihre Entwicklung eilte mit Siebenmeilenstiefeln voran. Und ihre Entwicklung führte zu Clark Gable.

***

Er sah tatsächlich ein bisschen wie Clark Gable aus. Das nach hinten gegelte Haar, der gepflegte Schnurrbart, das verwegene Lächeln – mehr brauchte es nicht, um in Norma Jeanes Augen in die Fußstapfen des großen Schauspielers zu treten. Mit dem Bärtchen sah James Dougherty älter aus als zwanzig. Zu seinen Vorzügen gehörte eine ungezwungene Art und sein schnittiges azurblaues Ford Deluxe Coupé.

Mit diesem Auto brachte er Norma Jeane mehrmals zu ihrer entfernt gelegenen Highschool, auf die sie inzwischen gewechselt hatte. Er tat ihr diesen Gefallen nicht freiwillig; seine Mutter, eine Freundin von Grace, hatte ihn darum gebeten. James Dougherty, von allen Jim genannt, ging bereits mit älteren Mädchen aus, mit richtigen Damen, die Bustiers trugen, Hüftgürtel und Seidenstrümpfe. Mit einem

Kind wie Norma Jeane mehr zu unternehmen als eine Autofahrt zur Schule, kam ihm nicht in den Sinn.

Sie hatte nicht nur die Schule gewechselt, sondern auch zum ungezählten Mal ihren Wohnsitz. Tante Ana war erkrankt und konnte sich nicht mehr um Norma Jeane kümmern. Das Mädchen wieder zu Grace und den Goddards zurückzuschicken, erwies sich als der einzige Ausweg. Der gefürchtete Doc führte dort zwar immer noch das Regiment, aber inzwischen war seine Tochter Nona gegen die ältere Tochter Eleanor ausgetauscht worden. Die Familie lebte unverändert in dem Baracken-Bungalow, der nichts von seiner Scheußlichkeit eingebüßt hatte. Eleanor hatte die Ausstrahlung einer Anstandsdame, war sachlich, freundlich und gerecht. Norma Jeane freundete sich mit ihr an, weil sie spürte, dass Eleanor einen Schutzschild gegen den Doc darstellte.

Norma Jeane war selbstsicherer geworden; in der Schule hieß es, sie sei die Frechste von allen. Nicht mehr das Kind Norma Jeane betrat morgens die Emerson Junior High School, sondern ein Mädchen mit dem Körper einer jungen Frau. Sie entschied sich für enganliegende Pullover und trug darunter keinen BH. Sie hatte sich Männerjeans gekauft, weil sie billiger waren, besonders figurbetont saßen und auf der Highschool als revolutionär galten. Wenn Norma Jeane von der Lehrerin in diesen Jeans nach Hause geschickt wurde, sah sie das als Zeichen an, dass ihr Outfit die gewünschte Wirkung zeigte. Sie hatte von Tante Grace gelernt, wie man sich schminkte und frisierte. Daher kam es, dass nicht nur die Jungs, sondern auch die Mädchen auf sie aufmerksam wurden, weil sie begriffen, dass man sich vor der Kleinen in Acht nehmen müsse. Einige begannen, Norma Jeanes Mode zu kopieren.

Es waren gute Wochen und Monate für sie, über ein Jahr verging so. Der Tag begann mit ihrem Schulweg, der einem prickelnden Spießrutenlauf gleichkam. In der warmen Jahreszeit trug sie ihre Bluse oft unter dem Busen geknotet. Die Folge war ein Verkehrschaos. Sobald die Männer das blonde Mädchen vorbeistolzieren sahen, achteten sie nicht mehr auf die Straße. Ihr Weg wurde von einem Hupkonzert begleitet. Die Pfiffe, die Rufe, die winkenden Kerle – endlich konnte sie all das genießen. Die dunkle, schmutzige Zeit, als sie das Getue der Männer nicht verstand und gefürchtet hatte, war vorbei. Das Leben zeigte sich von seiner freundlichen Seite, und Norma Jeane genoss diese Freundlichkeit in vollen Zügen.

Nicht für lange. Im Winter 1942 eröffnete ihr Grace, dass der erfolglose Doc endlich zur Vernunft gekommen sei und den erträumten Beruf eines Filmsheriffs an den Nagel hängte. Wie Millionen anderer arbeitsloser Amerikaner hatte er Bewerbungen geschrieben und überraschend einen Job ergattert. Er sollte Filialleiter bei einer Eisenwarenkette werden. Sein neuer Arbeitsplatz war in dem Städtchen East Virginia im Norden Kaliforniens. Sosehr Norma Jeane den Schritt des Doc begrüßte, so sehr erschütterte sie Grace' Ankündigung: Man werde zusammen nach Norden ziehen, Ervin, Grace und Eleonor, doch für Norma Jeane sei dort kein Platz.

Wieder stürzte die kleine Welt, die sie für sich errichtet hatte, zusammen, wieder wurden ihr Ruhe, Gleichmaß und Alltag verwehrt. Diesmal fiel sie aber nicht in den dunklen Brunnen, suchte die Schuld nicht in ihrer eigenen Unzulänglichkeit und der Annahme, dass niemand sie liebhaben könne. Sie erkannte die Schuld bei Grace, die das Versprechen, das sie gegeben hatte, unentwegt brach. Sie hatte gelobt, Norma Jeane müsse nie wieder in Unsicherheit leben, doch Grace' eigene unglückliche Liebe zwang sie, das Mädchen in einem fort von sich zu stoßen.

Norma Jeane zog wieder bei Ana Lower ein, der es gesundheitlich besserging. Das bedeutete einen neuerlichen Schulwechsel. Äußerlich ließ sich der Teenager nichts anmerken. Sie trat forsch, sexy, unverfroren auf, hatte den Lehrern gegenüber ein freches Mundwerk, wurde häufig verwarnt und scherte sich nicht um die Konsequenzen. Sie war ihres Glückes eigener Schmied und hielt sich bei Tante Ana nicht mit Äußerungen zurück, wie erbärmlich sie Grace und den Doc finde und wie froh sie sei, dieser Kakerlakenfamilie entkommen zu sein. Die alte Frau hatte der kraftvollen jungen Frau nichts entgegenzusetzen. Gleichzeitig verschlechterte sich ihr Gesundheitszustand erneut; sie wollte den renitenten Wildfang nicht länger im Haus haben. Zum zweiten Mal drohte Norma Jeane das Waisenhaus.

Der Plan, den Grace als gesetzlicher Vormund darauf in die Tat umzusetzen suchte, bezeichnete den Höhepunkt ihrer Unfähigkeit. Sie tat sich mit Jims Mutter zusammen und plante die Verheiratung des Mädchens. Mrs Dougherty präsentierte den Vorschlag ihrem Sohn.

»Ich habe keine Lust, schon zu heiraten, Mom«, antwortete Jim rundheraus.

»Es wäre eine reine Formsache«, argumentierte seine Mutter. »Als Ehefrau könnte man Norma Jeane nicht mehr ins Waisenhaus stecken.«

»Aber dann habe ich sie am Hals.«

»Um die finanzielle Seite kümmert sich Grace«, beschwichtigte Mrs Dougherty. »Das Kind würde uns nichts kosten.«

»Du sagst es ja selbst.«

»Was denn?«

»Sie ist noch ein Kind.«

»Sie wird fünfzehn.«

»Warum soll ich eine Minderjährige heiraten?« Jim versuchte, den Fallstricken seiner Mutter zu entkommen.

»In ein paar Monaten ist sie sechzehn.« Mrs Dougherty lächelte. »Hast du sie dir mal genauer angesehen? An Norma Jeane ist nichts mehr *minderjährig*.«

»Sicher, sie ist niedlich, aber ob mir eine gefällt oder ob ich sie gleich heirate, das sind zwei Paar Schuhe.«

»Jim, mein Junge, der Militärarzt hat dich für tauglich befunden. Deinen Stellungsbefehl hast du schon erhalten. Es kann nicht mehr lange dauern, bis sie dich nach Europa schicken.«

»Was hat das damit zu tun?«, fragte er verwirrt.

»Wäre es nicht angenehm, als verheirateter Mann in den Krieg zu ziehen und dich drüben darauf zu freuen, gesund zu deiner Frau zurückzukehren? Denkst du nicht, dass das ein schönes Gefühl wäre?«

Bei einer Befragung 1939 hatten sich fünfundneunzig Prozent der amerikanischen Bevölkerung gegen den Eintritt der USA in den Krieg ausgesprochen. Präsident Roosevelt folgte der Stimme des Volkes, unterstützte die Westalliierten mit kriegsnotwendigem Material, wahrte dabei aber die Neutralität der Vereinigten Staaten.

Hitler vereitelte diese Politik, als er den USA am 11. Dezember 1941 den Krieg erklärte. Dem war der japanische Überfall auf Pearl Harbor und die Kriegserklärung der USA an Japan vorangegangen. Im Januar 1942 traten die USA der Anti-Hitler-Koalition mit Großbritannien und der Sowjetunion bei. Nun konnte sich Roosevelt nicht länger auf Hilfslieferungen und Luftangriffe beschränken. Er musste amerikanische Jungs über den Ozean schicken.

Im März 1942 ging Norma Jeane von der Highschool ab, um nie wieder eine Schule zu besuchen. Durch ihre Kindheitserlebnisse besaß sie keine hohe Meinung von der Ehe. Ihre eigene Mutter war sowohl von John Baker als auch vom Wanderprediger Mortenson sitzengelassen worden. Bei den Bolenders hatte sie die Ehe als freudloses Zusammenleben in Erinnerung, und die tragische Ehe von Grace und Ervin diente vollends der Abschreckung. Aber die Furcht vor dem Waisenhaus war noch größer. Sie erlaubte Grace, eine Hochzeit mit Jim zu arrangieren. Drei Wochen nach ihrem sechzehnten Geburtstag am 1. Juni 1942 wurde Norma Jeane getraut.

Weder Mutter Gladys, die in ständiger Umnachtung von den Neuigkeiten kaum etwas mitbekam, noch Grace und die Goddards nahmen an der Zeremonie teil. Allein, ohne eigene Familie, erschien Norma Jeane auf dem Standesamt.

»Was hast du denn an?« Vorwurfsvoll wanderte Mutter Doughertys Blick über das enganliegende Kleid der Braut.

»Ich hatte nichts anderes. Eigentlich wollte ich mir noch etwas nähen, aber ich bin keine so gute Schneiderin. Die Nähte sind wieder aufgeplatzt.« Unsicher sah sie sich um. »Wo ist Jim?«

»Er kommt gleich.«

»Er hat es sich doch nicht anders überlegt?« Enttäuschung in letzter Minute gehörte zu den häufigsten Erfahrungen Norma Jeanes.

»Er raucht draußen mit seinen Freunden. Sie geben ihm einen kleinen Abschied.«

»Abschied wovon?«

»Von der Freiheit«, antwortete die Mutter.

»Ich nehme doch auch Abschied von der Freiheit«, erwiderte Norma Jeane überrascht.

»Bei einem Mann ist das etwas anderes«, seufzte Mrs Dougherty. »Du kannst froh sein, einen guten Jungen wie meinen Jim zu kriegen.«

»Ich bin auch froh«, antwortete die Braut, obwohl sie wusste, dass man in so einem wichtigen Punkt nicht lügen durfte. Wieder einmal fürchtete sie, für ihr Benehmen, für ihr ganzes Leben zu guter Letzt doch noch in die Hölle zu kommen.

Jim betrat das Standesamt. An der Schwelle trat er seine Zigarette aus. Als er sich Norma Jeane näherte, roch sein Atem nach Alkohol. Bevor es ernst wurde, hatte Jim sich Mut angetrunken.

18

»Noch was vom Chili?«

»Danke, nein.« Jim öffnete sein Hemd über der Brust.

»Hat es dir geschmeckt?«, fragte sie.

»Mh.«

»Sei ehrlich.«

»Mh, ja.«

»Es hat dir also nicht besonders geschmeckt?«

»Doch.«

»Aber nicht besonders. Ich will es beim nächsten Mal doch besser machen. Sag die Wahrheit. War es dir scharf genug?«

Jim fächelte sich mit dem offenen Hemd Kühlung zu. »Bei dem stickigen Wetter war es vielleicht sogar zu scharf.«

»Dann nehme ich nächstes Mal eine Chilischote weniger.« Norma Jeane legte den Bademantel ab.

»Und mehr Bohnen.«

»Was?«

»Es war zu viel Mais drin und zu wenig Bohnen.«

»Es hat dir also nicht geschmeckt«, sagte sie enttäuscht und rückte das Bikinihöschen zurecht.

»Heute Abend gehen wir essen.«

Ihre Augen wurden größer. »Du willst nur essen gehen, weil dir meine Küche nicht schmeckt.«

»Wir gehen essen, weil man nicht zweimal am Tag Chili essen kann. Du hast für eine ganze Kompanie gekocht.«

Sie lächelte unsicher. »Bei den Zutaten habe ich mich vielleicht ein bisschen vertan.«

»Heute gehen wir essen, morgen muss ich zum Dienst«, fasste Jim zusammen.

Sie lief am Fenster vorbei.

»Musst du das machen?«

»Was mache ich?«

»Halbnackt vor dem Fenster rumlaufen.«

»Wir sind im zweiten Stock. Wer sieht mich denn schon?«, entgegnete sie überrascht.

»Wir sind im ersten Stock. Und alle glotzen zu uns hoch.«

»Wer, alle?«

Jim holte tief Luft. Wenn er das Thema jetzt anschnitt, würde er damit eine Diskussion lostreten. Er ging Diskussionen mit Norma Jeane lieber aus dem Weg, weil sie nicht aufhörte, ständig nachzufragen, endlos, ohne Punkt und Komma. Sie wollte alles immer richtig *verstehen*. Was gab es da zu verstehen? Ihm war es lieber, wenn sie nicht kochte, weil es nicht schmeckte. Sie brachte es fertig, ein simples Essen wie Chili zu verhauen. Er wollte ihre Gefühle nicht verletzen, außerdem wollte er nicht, dass sie halbnackt vor den Fenstern herumlief. Norma Jeane war das egal. In diesen Dingen hatte sie eine sonderbare Natürlichkeit, man konnte es fast schon Exhibitionismus nennen.

Jim saß das Erlebnis mit dem Sergeanten noch in den Knochen. Wenn er die Sache aber mit Norma Jeane besprechen würde, um ihr klarzumachen, dass man im militärischen Sperrgebiet gewisse Dinge nicht tat, wäre ein endloses Gelaber die Folge gewesen. Wenn er andererseits seine Klappe hielt, was ihm am liebsten wäre, hieß es wieder: »Wir reden nie miteinander.«

»Wir schwätzen doch ständig irgendwelches Zeug«, antwortete er dann.

»Du nennst es selbst *schwätzen*. Ich möchte mich aber lieber über spannende Themen unterhalten, so wie andere Ehepaare. Tun andere Ehepaare das nicht?«

»Ich weiß nicht, was andere Ehepaare tun. Lass mich zufrieden.«

»Ich langweile mich«, sagte sie dann. »Den ganzen Tag bin ich hier allein und langweile mich.«

»Dann unternimm etwas.«

»Was denn? Das ist ein Ausbildungscamp, hier gibt es nur Kasernen, Übungsplätze und das Meer. Ich gehe ohnehin schon dreimal am Tag schwimmen.«

Wann immer Norma Jeane ins Meer ging, trug sie diesen knappen Bikini. Das war der Mist, über den er nicht sprechen wollte, weil sie ihn nicht verstehen und so oft nachfragen würde, bis Jim aus Erschöpfung etwas antworten würde, das sie verletzte. So ging das jedes Mal. Entweder sie schwiegen, dann war ihr langweilig, oder sie stritten, dann weinte sie. Einen dritten Weg gab es nicht. Jedenfalls nicht auf Catalina. Jim freute sich regelrecht auf den Tag, wenn man seine Kameraden und ihn endlich nach Europa einschiffen würde. Inzwischen fand er den Einfall unsinnig, Norma Jeane nach Catalina mitgenommen zu haben. Die meisten Soldaten ließen ihre Frauen zu Hause auf dem Festland.

Die Insel Catalina, dreißig Meilen vor der Küste von Los Angeles gelegen, war zum Sperrgebiet erklärt worden. Nur Soldaten und ihre Frauen hatten Zutritt. Hier absolvierte Jim seine Grundausbildung.

»Wer soll mich denn schon anglotzen?«, nahm Norma Jeane das Thema wieder auf und lief ins Schlafzimmer. »Heute hat es fünfunddreißig Grad, aber da du es so willst, werde ich mir einen Pulli überziehen.«

»Lass gut sein, Baby! Es ist eine Affenhitze. Ich meine ja nur, dass du nicht fast nackt vor dem Fenster auf und ab flanieren sollst.«

Im Bikini kam sie zurück, hatte aber einen dicken Wollpulli mitgebracht. Schmollend hielt sie den Herbstpullover vor ihre Brüste. »Wäre ich dir so lieber?«

»Komm mal her.« Er zog sie auf seinen Schoß. »Du bist das Heißeste, was auf dieser Insel herumläuft. Das braucht aber nicht jeder zu wissen und vor allem nicht zu sehen.«

Sie küssten einander und gingen miteinander ins Bett.

Die Sache mit dem Sergeanten erzählte Jim ihr nicht. Seine Kompanie hatte einen neuen Sergeanten bekommen, einen umgänglichen Menschen, der sie zwar drillte, aber keiner der Sadisten war, die junge Rekruten derart schunden, dass sie in der Sonne ohnmächtig zusammenbrachen. Sergeant Hicks war okay, er besaß nur eine Schwäche, Pin-up-Girls. Jim hatte den Spind des Sergeants nicht persönlich gesehen, aber es hieß, dort hingen Fotos von den heißesten Frauen. Nicht nur Schauspielerinnen, auch komplett nackte Girls, die sich an der Tankstelle an der Zapfsäule zu schaffen machten, oder Mädchen, die auf einem Pferd saßen, solche Sachen eben. Sergeant Hicks reagierte auf attraktive Frauen auffällig. Wenn eine junge Frau vorbeiging, fuhr sein Kopf herum, und sein Gesicht bekam diesen dämlichen Glanz, der zeigte, dass er sonst nichts mehr mitbekam.

Neulich hatte Hicks von einer jungen Frau am Strand erzählt. Er schilderte sie in leuchtenden Farben, sparte nicht an vulgären Ausdrücken und erklärte, dass er nichts dagegen hätte, der Kleinen mal in einer engen, dunklen Gasse zu begegnen. Seine Rekruten lachten, bis auf zwei. Der eine war Jim selbst, der andere sein Freund, der begriff, von wem der Sergeant schwadronierte.

»Auf den Bikini von dem Biest hätte nicht mal 'ne Briefmarke draufgepasst«, lachte der Sergeant.

»Sie muss mit einem aus unserem Regiment hier sein«, gab Jims Freund zu bedenken. »Eine Frau allein hat auf Catalina nichts zu suchen.«

»Dann muss ihr Mann ganz schön bekloppt sein«, kicherte Hicks. »Ich würde so eine Atomrakete nicht allein lassen, zumindest nicht in dem Bikini!«

Ohne etwas zu sagen, hatte Jim sich abgewandt und war gegangen. Er wollte sich nicht mit seinem Sergeant anlegen. Er konnte den Mann sogar verstehen. Frauen waren auf Catalina Mangelware.

Überall redeten sie von der Invasion. Die Amerikaner und die Alliierten planten, von England aus das besetzte Frankreich zu befreien. In den ersten drei Kriegsjahren waren die Deutschen von Sieg zu Sieg gestürmt, doch jetzt schien ihnen die Puste auszugehen. Sie hatten sich mit zu vielen Nationen angelegt, machten sich die ganze Welt zum Feind. In Russland lief es für sie nicht wie erhofft. Damit waren sie reif, um von amerikanischen Jungs wie Jim das Fürchten zu lernen.

***

Im Frühling 1944 wurde Jim nicht über den Atlantik, sondern in das pazifische Kriegsgebiet geschickt. 1940 war Japan dem Dreimächtepakt mit Nazi-Deutschland und Italien beigetreten. Die USA riefen ihre Bürger im fernen Osten auf, in die Heimat zurückzukehren. Passagierdampfer klapperten die südostasiatischen Häfen ab, um Amerikaner aus China, Korea und Japan zu evakuieren.

Ein japanischer Admiral erklärte, dass der Krieg im Pazifik mit klassischen Seegefechten nicht zu gewinnen sei und daher die seegestützten Luftstreitkräfte ausgebaut werden müssten. Ein konzentrierter Angriff auf die Flotte der Vereinigten Staaten würde diese nicht nur demoralisieren, sondern auch direkte Angriffe auf das japanische Mutterland verhindern.

Bis zum 7. Dezember 1941 galt ein japanischer Angriff auf den amerikanischen Marinestützpunkt in Hawaii aufgrund der gewaltigen Entfernung zu Japan als unwahrscheinlich – doch dann griff Japan Pearl Harbor an. Dieser Tag wurde nicht nur zum Debakel für die US-Streitkräfte, sondern zu einer Bankrotterklärung der amerikanischen Geheimdienste. Die Truppen in Pearl Harbor erlitten die schlimmste Niederlage während des gesamten Krieges. Sämtliche Schlachtschiffe der US-Pazifikflotte wurden versenkt oder seeuntauglich geschossen. Dreitausend Soldaten starben innerhalb weniger Minuten. Neben den Kapazitäten zu Wasser wurden einhundertsechzig US-Flugzeuge zerstört. Der Kriegseintritt der USA war damit nicht länger aufzuschieben.

Die Schlachtflotte der Vereinigten Staaten war für mehrere Monate ausgeschaltet, doch ein anderes wichtiges Ziel hatte Japan nicht erreicht: Die US-Flugzeugträger waren noch intakt, da sie sich während des Angriffs auf Pearl Harbor auf See befunden hatten. Durch diese schwimmenden Festungen waren die USA einsatzbereit für den Luftkrieg. Jim Dougherty sollte seinen Militärdienst auf dem Flugzeugträger *Yorktown* im nördlichen Stillen Ozean leisten und wurde im März 1944 dorthin verlegt.

Auch Norma Jeane diente ihrem Land. Sie nahm eine Stellung an, die als typischer Frauenarbeitsplatz in Kriegszeiten galt. Die junge Ehefrau lebte nach dem Abschied von Jim bei ihrer Schwiegermutter Mrs Dougherty, die in der Krankenabteilung der Firma Radioplane arbeitete. Die Company stellte die ersten unbemannten, funkgesteuerten Fluggeräte her. Mrs Dougherty vermittelte ihrer Schwiegertochter eine Stellung, bei der sie Rumpfteile von Flugzeugen mit Lack einsprühen musste.

19

»Darf ich Sie mal kurz stören, Miss?«, fragte David Conover.

»Was?«, brüllte Norma Jeane ihn an.

»Ich würde Sie gern sprechen, Miss«, rief Conover lauter.

»Mrs!«, schrie sie zurück.

»Was?«

»Ich bin verheiratet!«

»Verzeihen Sie, Mrs Dougherty. Könnten wir uns mal unterhalten?«

»Worüber?« Sie setzte die Schutzmaske ab. Die Lackschichten, die Norma Jeane auftrug, waren hochgiftig und stanken. Conover hielt sich ein Taschentuch vor das Gesicht.

In ihrem Arbeitsoverall, ausgestattet mit Handschuhen, Helm und Schutzmaske sah Norma Jeane aus wie eine Außerirdische. Nach und nach schälte sie sich aus der Verkleidung. Der fünfundzwanzigjährige Fotograf David Conover nahm sie mit in ein Büro, wo sie einem dreiunddreißigjährigen Captain der United States Air Force vorgestellt wurde.

»Hi, Mrs Dougherty«, sagte Captain Ronald Reagan. »Danke, dass Sie sich für uns ein bisschen Zeit nehmen.«

»Ich habe zu danken«, lächelte Norma Jeane. »Sie haben mich aus dem Nebel der Gase befreit.«

»Sie leisten eine wichtige Arbeit, Mrs Dougherty«, erwiderte Reagan.

»Norma Jeane, bitte. Ich komme mir sonst ziemlich alt vor.«

Darüber lachten die jungen Männer und die Achtzehnjährige herzlich.

»Danke für Ihren Dienst an unserem Land«, fügte Reagan hinzu. »Ich sehe eine Möglichkeit, wie Sie Ihrem Land noch anders dienen könnten.«

»Wie denn?«

Sie hatte den Helm abgelegt und schüttelte ihr Haar. Bei der Bürobeleuchtung erkannte man, dass ihr Overall ziemlich knapp saß, der Reißverschluss war ein kleines Stück aufgegangen.

»Der Krieg verlangt uns allen große Opfer ab«, fuhr Reagan fort. »Nicht nur den Boys an den unterschiedlichen Fronten, auch der Zivilbevölkerung, die unsere Truppen unterstützt, wo sie nur kann.« Reagan nahm die Uniformmütze ab. »Und hier komme ich ins Spiel. Unser oberster Chef, General Arnold, hat mich beauftragt, den Amerikanern ein wenig Optimismus in diesem Krieg zu bringen.«

Überrascht von der Einleitung, fragte Norma Jeane: »Zu welcher Einheit der Luftstreitkräfte gehören Sie, haben Sie gesagt?«

»Ich habe noch gar nichts gesagt.« Captain Reagan, im Zivilleben Filmschauspieler, erwiderte die Frage der Rüstungsarbeiterin mit professionellem Lächeln und blitzenden Zähnen. Wegen seiner schlechten Augen war er vom aktiven Kampfeinsatz zurückgestellt und einer Reserveeinheit zugeteilt worden. »Ich bin Captain der Motion Picture Unit der Air Force.«

»Sie machen Filme?«, fragte Norma Jeane.

»Mögen Sie Filme?«

»Ich liebe Filme. Meine Mom ist Cutterin in den Hollywood-Studios gewesen.«

»Meine Einheit arbeitet nicht für Hollywood«, lachte er. »Ich produziere vorwiegend Trainingsfilme für unsere Truppen. Manchmal sind wir auch im Bereich der Public Relations tätig.«

»Wie könnte ich Ihnen bei den Public Relations dienen?«, entgegnete Norma Jeane kokett.

Reagan wies auf das Bürosofa. »Warum setzen wir uns nicht?«

In ihrem Männeroutfit nahm sie Platz. Ihr Herz klopfte. Sie konnte sich nicht erklären, warum ihr Herz so klopfte. Ein sechster Sinn sagte ihr, dass hier und heute der Moment war, in dem sich in ihrem Leben etwas ändern würde. Ein Engel ging durch das Büro der Radioplane Company, der Engel setzte sich Norma Jeane auf die Schulter, um sie für den Rest ihres Lebens nicht mehr zu verlassen.

***

David Conover schoss mehrere Fotoserien mit der jungen Rüstungsarbeiterin. Dafür wurde sie neu ausstaffiert. Ihr Arbeitsoverall war nun eine Maßanfertigung, das Haar saß perfekt, sie wurde von einer professionellen Maskenbildnerin geschminkt.

Norma Jeane fühlte sich in die Zeit zurückversetzt, als Grace sie im *powder room* eines Kinos hergerichtet hatte, damit sie ein bisschen aussah wie Jean Harlow. Die Harlow war mittlerweile seit sieben Jahren tot. Sie war 1937 während der Dreharbeiten zu dem Film *Saratoga* an einem plötzlichen Nierenversagen gestorben. Ihr Tod hatte Folgen für die Filmgeschichte gehabt. Shirley Temple, bei Fox unter Vertrag, sollte die Hauptrolle in der MGM-Produktion

Der Zauberer von Oz spielen. Im Gegenzug hatte sich MGM bereit erklärt, ihre Spitzenstars Clark Gable und Jean Harlow an die Fox auszuleihen. Nach dem Tod Harlows wurde der Deal unmöglich, und so bekam die unbekannte Judy Garland die Hauptrolle in der Märchenverfilmung.

Norma Jeane posierte für Conover in einem für die Rüstungsarbeit unmöglichen Setting: Ohne Maske, Schutzbrille und Helm sprühte sie Lack auf Flugzeugteile. Da dies für die Beteiligten gesundheitsschädlich gewesen wäre, tat Norma Jeane nur als ob – der Lack wurde später in die Aufnahme hineinmontiert.

Zur Überraschung Conovers und Captain Reagans bestand sie darauf, die Kontaktabzüge der Fotos persönlich zu kontrollieren. Jede andere Achtzehnjährige wäre glücklich gewesen, den Job zu bekommen, dazu ein kleines Honorar und die Anerkennung der Streitkräfte, nicht aber die Tochter von Gladys und das Mündel von Grace. Von den beiden wusste sie, dass die Beleuchtung, der Kamerawinkel, die Brennweite und natürlich das Filmmaterial von entscheidender Bedeutung für das Ergebnis waren. Selbstkritisch ging sie jede Fotoserie durch und bestimmte, welche Aufnahmen ausgemustert werden mussten. Conover und Reagan staunten über das exzellente Auge und die kompromisslose Selbsteinschätzung der jungen Frau, was ihre Wirkung vor der Kamera betraf.

Conover arbeitete mit ihr von Juni bis September, länger, als er vorgehabt hatte. Für die Aufnahmen fuhren sie kreuz und quer durch Kalifornien. Sie drehten in den Vineyards, in der Umgebung von San Francisco und sogar auf dem schlossartigen Anwesen von William Randolph Hearst, das unter dem Filmnamen *Xanadu* berühmt geworden war.

Die Fotos erschienen in unterschiedlichen Heften der US-Luftstreitkräfte und erreichten auf diesem Weg auch den Ehemann des Modells, Jim Dougherty. Norma Jeane hatte ihm von ihrem ungewöhnlichen *Nebenverdienst* nichts verraten, weil sie ihn überraschen wollte. Jims Überraschung hätte nicht größer sein können. Er schlug das Oktoberheft von *Airborn* auf und starrte auf seine Gattin, die vor einer düsenstrahlgetriebenen Jagdmaschine posierte.

Eine Blitzkarriere begann. Im Sommer 1945 bewarb sich Norma Jeane auf Empfehlung von Conover bei der Blue Book Agency als Fotomodell und Mannequin. In den Akten der Agentur wurde das hoffnungsvolle Talent, das mittlerweile auch Posier-Unterricht nahm, mit den Maßen 91-61-86 gelistet. Haarfarbe mittelblond, zu lockig, stand da; Bleichen und Glätten empfohlen. Ein Zusatz lautete: perfekte Zähne. Außerdem: kann ein bisschen tanzen und singen.

Bei Aufnahmen mit der jungen Mrs Dougherty beklagte sich der Kunde, eine Modefirma, über die aufreizende Figur des Models. Kein Mensch würde die beworbene Kleidung beachten, da sie an dem Mannequin so knapp sitze, dass jeder nur Augen für das Mädchen habe.

Was jeden Fotografen begeisterte, der mit Norma Jeane arbeitete, war ihr Flirt mit der Kamera, die Perfektion ihrer Selbstinszenierung, erotisch, geradezu exhibitionistisch, und mancher Fotograf vergaß, dass ihr Appeal der Kamera galt und nicht ihm. Doch Norma Jeane lehnte jedes Angebot ab, das über die Arbeit hinausging.

***

Mein lieber Junge,
(schrieb Ethel Dougherty an Jim in den fernen Pazifik)
ich hoffe, es geht Dir gut und Du bist nicht direkt in die Kampfhandlungen verwickelt. Wir erfahren hier nicht viel, wie es Euch geht. Mit bangem Herzen lese ich jede Woche die Liste der gefallenen Soldaten, die von der Army veröffentlicht wird, und danke Gott, wenn ich Deinen Namen nicht finde. Ich muss Dir leider mitteilen, lieber Jim, dass das bemitleidenswerte Geschöpf, das wir in unserer Güte vor dem Waisenhaus bewahrt haben und das heute Deine Frau ist, eine merkwürdige Verwandlung durchgemacht hat. Deine Norma Jeane wurde von der Fotoabteilung der Luftstreitkräfte entdeckt und scheint so etwas wie ein Fotomodell geworden zu sein. Sie ist enorm ehrgeizig, und ich erkenne sie kaum noch wieder. In den Fotostudios hat man sie äußerlich verändert. Deine Frau ist nun hellblond, lieber Jim, aber auch ihr Wesen hat sich gewandelt. Sie gibt mir immer öfter freche Antworten und gehorcht nur widerwillig. Sie bleibt manchmal tagelang aus, wenn sie für Fotoaufnahmen unterwegs ist, und ich habe keine Ahnung, wo sie sich aufhält. Ich missbillige, dass Deine Frau sich in letzter Zeit nicht so benimmt, wie ich und vor allem Du, mein lieber Junge, es erwarten dürfen, und hoffe, Du wirst sie, wenn Du wieder da bist, zur Vernunft bringen.
In Liebe
Mom

Mein Darling,
(schrieb der Gefreite James Dougherty an seine Frau, nachdem er den Brief seiner Mutter erhalten hatte)
die Sache mit Deinen Fotoaufnahmen ist ja schön und gut, ich freue mich, dass Du damit Geld verdienst. Aber sobald ich

zurückkomme, gründen wir eine Familie und lassen uns nieder, Du, meine Mutter, unsere Babys und ich. Dann bringe ich das Geld nach Hause, und alles hat seine Ordnung. Ich hoffe, Du begreifst, was ich damit sagen will. Du kannst nur einen Lebensweg einschlagen und der ist durch die Heirat mit mir vorgezeichnet. Du bist meine Frau und wirst an meiner Seite leben und nirgendwo anders. Was ich Dir hier schreibe, tue ich aus Liebe und Sorge um Dein weiteres Leben. Du wirst nicht immer achtzehn sein. Der Tag wird kommen, an dem Du mir dankbar bist, dass ich Dir den rechten Weg gewiesen und Dir ein Heim und eine Zukunft gegeben habe.

In Liebe

Jim

20

Im Herbst 1945 wurde das Model Norma Jeane Dougherty
für eine Shampoo-Werbung gebucht. Man schickte sie zu
diesem Zweck zum Haarefärben und Glätten und verwandelte ihre wilden Locken in goldblonde Wellen. Sie wurde
ihrem Idol Jean Harlow immer ähnlicher. Da sie die vor-
wurfsvolle Atmosphäre in der Wohnung ihrer Schwiegermutter nicht länger ertrug, war sie bei Mrs Dougherty aus-
gezogen und hatte die untere Etage eines Hauses ihrer alten
Ziehtante Ana Lower gemietet.

Nazi-Deutschland hatte im Mai 1945 kapituliert, die Sie-
germächte besetzten das untergegangene Dritte Reich. Der
Krieg im Pazifik war noch nicht entschieden. Während der
neue amerikanische Präsident Harry S. Truman die Pots-
damer Konferenz besuchte, bei der die Neuaufteilung Euro-
pas unter den Alliierten ausgehandelt wurde, gab er vom
Gästehaus *Erlenkamp* aus den Befehl zum ersten kriegeri-
schen Atombombenabwurf der Geschichte. Seine Absicht
war es, Japan, das zu diesem Zeitpunkt noch große Teile
Ostasiens besetzt hielt, zur raschen Kapitulation zu zwingen. Außerdem wollte Truman vermeiden, dass die geplan-
te Landung amerikanischer Truppen auf den japanischen
Hauptinseln unnötige Opfer fordern würde.

Die nukleare Explosion tötete hunderttausend Zivilis-
ten in wenigen Sekunden. Bis Ende 1945 starben weitere
einhundertdreißigtausend Menschen an den Folgen der
radioaktiven Verstrahlung. Wenige Tage nach dem zweiten
Bombenabwurf gab der japanische Kaiser die bedingungs-

lose Kapitulation bekannt. Der Zweite Weltkrieg war zu Ende.

Jim Dougherty blieb noch drei Monate länger bei seiner Einheit auf dem Flugzeugträger. An dem Tag, als Jim aus dem Krieg zurückkehrte und von seiner Mutter mit Blumen empfangen wurde, verließ Norma Jeane Los Angeles und fuhr mit einem anderen Mann auf Fotoreise. Der ungarische Starfotograf André de Dienes nahm nur Aufträge mit Topmodels an, und dazu war Norma Jeane inzwischen aufgestiegen. Ihre Agentur hatte sie auf mehrere Titelseiten gebracht.

Die Fotoshootings an den Traumstränden von Santa Barbara eröffneten Norma Jeane, dass das Leben nicht nur Demütigungen und Zurückweisungen bereithielt, sondern auch ein Paradies sein konnte. Während sie posierte, ihre Outfits wechselte, während sie in die Ozeanwellen hinauslief oder wie eine Meerjungfrau aus ihnen hervortauchte, liebte sie ihr neues Dasein. Auch André de Dienes war voll der Liebe, wenn er sein Modell durch die Linse betrachtete. Er wünschte sich eine private Fortsetzung der beruflichen Beziehung und bot ihr ein sexuelles Verhältnis an, das *sie nicht bereuen sollte*. Norma Jeane wusste, dass ihr Ehemann inzwischen nach L.A. zurückgekehrt war, und blieb ihrem Motto treu, Arbeit und Privatleben nicht zu vermischen.

***

»Hallo, Baby, bist du das?«

»Wer spricht da?«, fragte Norma Jeane am Telefon ihres Hotelzimmers.

»Erkennst du deine Tante Gracie nicht mehr?«, lachte die Frau am anderen Ende.

»Grace? Ach herrje, wir haben ja ewig nichts voneinander gehört«, antwortete Norma Jeane mit gemischten Gefühlen. Sie ahnte, dass der Anruf nichts Gutes bedeutete. Durch ihre Schwiegermutter hatte sie erfahren, dass Grace inzwischen eine hoffnungslose Alkoholikerin geworden war.

»Ich habe eine wunderbare Neuigkeit für dich«, setzte Grace fort. »Eine großartige Neuigkeit.«

»Was denn?«, fragte Norma Jeane vorsichtig.

»Deine Mom ist entlassen worden. Endlich! Kannst du dir ihr Glück vorstellen?«

»Das ist ... wunderbar.« Doch das war noch nicht alles, spürte Norma Jeane.

»Denk dir, deine arme Mutter hatte bei ihrer Entlassung aus der Anstalt nur zwei alte Kleider und zweihundert Dollar im Gepäck.«

Daher wehte also der Wind. Es ging um Geld. »Wann ist Mom denn rausgekommen?«

»Vor zwei Monaten.«

»Was?«, rief Norma Jeane erschrocken. »Das erzählst du mir erst jetzt? Was hat sie seither gemacht?«

»Nicht viel. Gladys hat nicht einmal ein anständiges Dach über dem Kopf. Deshalb ...« Grace machte eine wirkungsvolle Pause. »Darum rufe ich an, Mädchen. Sie möchte dich sehen.«

Im selben Moment wurde Norma Jeane übel. Sie schämte sich für dieses Gefühl, da es doch um ihre Mutter ging, aber etwas Dunkles, Beängstigendes breitete sich in ihr aus: die Angst, Gladys wiederzusehen.

Nachdem André de Dienes die Neuigkeit erfahren hatte,

sagte er: »Du kannst das Shooting nicht mittendrin verlassen. Du hast einen Vertrag.«

»Es wäre nur für ein oder zwei Tage. Ich treffe Mom in L.A. und komme gleich danach wieder zurück.«

»Und was soll ich so lange machen?«

»Ich weiß nicht, André.« Sie setzte ein süßes, hilfsbedürftiges Gesicht auf. »Sie ist meine Mutter. Ich habe sie seit sechs Jahren nicht gesehen. Es geht ihr nicht gut. Ich muss zu dem Treffen fahren. Bitte versteh das doch.«

De Dienes wollte die angenehme Arbeitsatmosphäre nicht aufs Spiel setzen und willigte ein.

Norma Jeane fuhr in die Stadt, besorgte in aller Eile Geschenke für Gladys und traf sie in einer Unterkunft, die der Staat für Menschen, die aus dem Gefängnis oder Heilanstalten entlassen wurden, zur Verfügung stellte. Norma Jeane erschrak über das schäbige Motel und die Leute, die dort herumlungerten. Am meisten erschrak sie über den Zustand ihrer Mutter. Gladys war stark abgemagert. Obwohl ihre Schizophrenie als geheilt galt, starrte sie ihr Mädchen aus irren Augen an. Das Haar der noch jungen Frau war grau geworden. Was Mutter und Tochter miteinander redeten, konnte man keine Unterhaltung nennen. Es war der stockende, durch häufiges Schweigen unterbrochene Versuch der Kommunikation von zwei Menschen, die einander nichts zu sagen wussten – und es vielleicht nie gekonnt hatten. Eine junge, strahlend schöne Frau auf ihrem kometenhaften Aufstieg traf eine Frau, die ihre besten Jahre hinter sich hatte. Gladys sah keine Perspektive mehr, außer – und das erschreckte Norma Jeane am meisten – dass sie den Wunsch äußerte, von nun an mit ihrer Tochter zusammenzuleben. Von allen Möglichkeiten, wie sie ihrer Mutter helfen könnte, stand für Norma Jeane an letzter Stelle die Lösung, mit der Frau zusammenzuziehen, die sie als Baby im Alter von zwölf Tagen fortgegeben hatte.

Trotzdem wollte sie ihrer Mutter nicht bei der ersten Begegnung die Tür vor der Nase zuschlagen. Bevor Norma Jeane nach Santa Barbara zurückfuhr, legte sie Gladys ihre Adresse und Telefonnummer hin. Wagen und Chauffeur von de Dienes brachten sie die hundert Meilen ins nördliche Kalifornien zurück. Unterwegs weinte Norma Jeane. Die Vorstellung, dass ihre wunderbare Freiheit plötzlich durch einen Menschen beschnitten werden könnte, den sie fast vergessen hatte, machte ihr Angst.

In Santa Barbara angekommen, erwartete sie der verständnisvolle, geduldige André de Dienes. Statt ihm das Erlebte zu erzählen, stürzte sich Norma Jeane in seine Arme. Sie durchlebten eine leidenschaftliche Affäre.

***

Im Haus seiner Mutter schlug Jim Dougherty mit beiden Fäusten auf den Tisch. »Ich habe mir eingebildet, ich wäre ein verheirateter Mann.«

»Wir sind verheiratet, Jim«, erwiderte Norma Jeane, so sanft sie konnte.

»Das kommt mir nicht so vor. Weil meine Frau nie da ist.«

»Ich bin da, Jim. Ich bin doch da.« Sie streichelte seine Faust.

»Ich komme aus dem Krieg!« Er zuckte vor ihrer Berührung zurück. »Ich hätte fallen können. Gottlob bin ich gesund und freue mich auf meine Frau. Aber wer holt mich von der Air Base ab? Nicht meine Frau, sondern meine Mutter.« Jim wandte sich zur Küche. »Nichts für ungut, Mom, ich habe mich gefreut, als du da mit dem Blumenstrauß gestanden hast«, rief er.

»Klar, mein Junge. Ich weiß, wie du es meinst.« Mrs Dougherty schwenkte die Pfanne mit den Pancakes.

»Wenn ein Mann aus dem Krieg heimkehrt, ist es wohl nicht zu viel verlangt, dass seine Frau ihn erwartet.«

»Natürlich nicht, Jim. Aber ich hatte diesen Vertrag unterschrieben. Ich konnte ja nicht wissen, dass du so bald nach Hause kommst.«

»*So bald?*« Hoch richtete er sich über ihr auf. »Dir wäre es wohl lieber gewesen, wenn mich so ein japanisches Schwein abgeschossen hätte?«

»Rede nicht so, Jim. Es war eben ein unglückliches Zusammentreffen.«

»Ein unglückliches Zusammentreffen wäre es, wenn wir uns um ein paar Minuten oder Stunden verpasst hätten, aber nicht um drei Wochen! Drei volle Wochen warst du mit diesem Ungarn in Santa Barbara. Ich will gar nicht wissen, was ihr dort gemacht habt!«

»Er hat mich fotografiert. Für eine Shampoo-Werbung.«

»Fotografiert? So nennt man das also heute?«, höhnte er.

»Hör auf, du weißt, es ist nicht wahr, Jimmy.« Ihr Widerspruch klang halbherzig. Sie wollte eine Lüge wie die Wahrheit aussehen lassen und wunderte sich, wie gut ihr das gelang. Wenn sie sich fest vorstellte, dass zwischen ihr und André nichts passiert war, dann schien es im Rückblick tatsächlich wahr zu sein.

»Ich habe mit diesem Job dreitausend Dollar verdient«, fügte sie hinzu. »Ist das nicht großartig? Was wir mit dem Geld alles anfangen können!«, sagte sie lockend und fragte sich zugleich, wer das eigentlich festgelegt haben mochte, dass Frauen ihren Verdienst selbstverständlich an den Gatten abgeben mussten.

Jim wechselte das Thema. »Wieso wohnst du nicht mehr bei meiner Mutter?«

»Ich …« Sie stockte. »Ich wollte Ethel nicht ständig zur Last fallen«, antwortete sie, während Mrs Dougherty die Pfannkuchen brachte.

»Wenn du mir ein bisschen im Haushalt hilfst, würdest du niemandem zur Last fallen.«

»Tut mir leid, Ethel, aber mein neuer Beruf hat ungewöhnliche Arbeitszeiten. Bei Tante Ana wohne ich auch nur vorübergehend«, setzte sie versöhnlich hinzu.

»Du wohnst ab jetzt selbstverständlich wieder bei uns«, stellte Jim fest und musste noch eine andere Sache loswerden. »Du bist zwar nicht aus Santa Barbara hergefahren, um mich zu begrüßen, hattest aber genügend Zeit, deine Mutter zu treffen.«

»Woher weißt du …? Ach, von Grace natürlich«, beantwortete Norma Jeane ihre Frage selbst. »Mom ist praktisch mittellos. Ich habe ihr geholfen. Das musste ich doch tun.«

»Okay, Honey, machen wir es kurz.« Jim setzte sich ihr gegenüber an den Tisch und goss Ahornsirup auf seine Pfannkuchen. »Du entscheidest dich jetzt zwischen mir und deiner sogenannten *Arbeit*.«

»Was meinst du damit – jetzt?«

»Heute, noch während wir hier sitzen«, erwiderte er kauend.

»Wieso, Jim? Ich dachte …«

»Ich muss in drei Tagen zurück zu meiner Einheit im

Pazifik, um die Soldaten und das Kriegsmaterial zurückzu-
führen. Bevor ich abreise, möchte ich eines klar haben.«

»Was denn *klar*?«

»Ob ich eine Frau habe oder nicht. Entscheide dich: ich
oder dieser sogenannte Beruf.«

»Es ist richtige, harte Arbeit, und alle sagen, ich mache
sie gut.«

Jim zeigte mit der Gabel auf sie. »Die Lippen schürzen
und die Titten in die Kamera halten – entschuldige, Mom –,
das ist kein Beruf!«

»Doch, Jim«, entgegnete sie traurig. »Ich übe diesen Beruf gern aus und verdiene richtiges Geld damit.«

Im September 1946 wurde die Ehe geschieden.

NEW YORK CITY,
31. MAI 1962, 23.12 UHR

21

»Wie geht's dir?«, fragte Paula. »Schon besser?«

In BH und Höschen saß Marilyn auf dem Bett. »Grace war meine Rettung. Wenn sie nicht gewesen wäre, gäbe es heute keine Marilyn Monroe.«

»Sie hat dein Leben zur Hölle gemacht.« Paula legte das blaue Glitzerkleid, das Marilyn für ihre Geburtstagsfeier bestimmt hatte, auf den Stuhl. Es war nicht besonders tief ausgeschnitten, aber so eng, dass es die Figur betonte.

»Es wurde erst schwierig mit Grace, als sie den Doc geheiratet hatte«, antwortete sie, ohne Paula anzusehen.

»Nachdem dich dieser Scheißkerl vergewaltigen wollte, hätte sie ihn rausschmeißen müssen. Aber stattdessen wirft sie dich hinaus und schickt dich ins schlimmste Elend.«

»So schlimm war es eigentlich nicht.«

»Du darfst deine Vergangenheit nicht verklären«, erwiderte Paula und setzte sich neben Marilyn. »Nur der unverfälschte Blick auf vergangene Erlebnisse gibt dir die Möglichkeit, sie in deine Rollen einzubauen.«

»Ich weiß«, seufzte Marilyn. »Das sagst du mir immer wieder.«

»Das sagt vor allem Lee, und das predigt auch Stanislavski. Es ist der Kern, die Botschaft von allem, was wir dir beibringen. Benütze deine schlimmsten Erlebnisse, stelle dich deinen Feinden, den Dämonen der Vergangenheit und lass dein Spiel davon inspirieren.«

»Grace war nicht mein Feind«, murrte Marilyn wie ein trotziges Kind.

»Ein gefährlicher Dämon war diese Frau trotzdem für dich.«

»Heute kann ich sie verstehen. Sie war nicht mehr ganz jung und hatte sich einen knackigen Mann geangelt.«

»Einen Versager«, ging Paula dagegen. »Einen doppelgesichtigen Angeber. Einen Möchtegernschauspieler, der ein elfjähriges Kind vergewaltigen wollte. Das ist der *knackige Mann*, für den Grace dich verraten hat?«

»Ist ja gut, Paula. Reg dich nicht so auf. Wenn du wüsstest ...«

»Was?«

»Du hast keine Ahnung, wie es Grace ergangen ist.«

»Und es interessiert mich ehrlich gestanden auch nicht«, konterte Paula nüchtern. »Jetzt ziehen wir dieses schöne Kleid an, rufen ein Taxi und mit etwas Glück schaffen wir es noch vor Mitternacht zu *Michael's*.«

»Was ist denn um Mitternacht?« Aus großen Augen sah Marilyn sie an.

»Ach, du Engel.« Paula zog sie in ihre Arme. »Um Mitternacht beginnt dein Geburtstag.«

»O Gott.« Marilyn ließ sich wieder aufs Bett sinken. »Noch ein Jahr und noch ein Jahr und immer noch eines. Das ist alles so schrecklich.«

»Das Leben ist schon okay«, ermunterte Paula sie. »Ich prophezeie dir, du wirst uralt, mein Engel. Und du wirst jedes Jahr davon genießen.«

»Ich soll eine alte Frau sein? Ich soll mir meine Fotos von früher anschauen und keine Ähnlichkeit mehr mit Norma Jeane feststellen können? Und wenn ich auf die Straße gehe, zeigen die Leute auf mich und sagen zu ihren Kindern: ›Guckt mal, da geht die alte Marilyn Monroe. Ihr werdet euch nicht daran erinnern, aber sie war einmal ein Star.‹ Und ich werde allein irgendwo hausen und meinen Nachbarn erzählen, dass ich früher wunderschöne Augen hatte.« Sie schlug die Hände vors Gesicht.

»So weit ist es noch lange nicht.« Paula fasste sie bei den Schultern. »So weit wird es überhaupt nie sein. Und jetzt aufgestanden und rein in den Glitzerfummel. Damit du endlich wieder Marilyn bist. Gleich steigt deine Party!«

»Marilyn sein? Was bedeutet das?«, fragte sie leise. »Ich bin Norma Jeane und werde immer Norma Jeane bleiben. Aber alle wollen nur das *Marilyn-Ding* von mir sehen.« Willenlos ließ sie sich zum Sessel führen. Paula stülpte ihr das Kleid über den Kopf. »Hätte ich bloß nicht auf Darryl F. Zanuck gehört«, seufzte Marilyn unsichtbar unter dem Paillettenstoff.

»Zanuck ist bestimmt kein künstlerischer Mensch, aber er hat dir deine ersten großen Chancen eröffnet.«

Ihr Kopf tauchte im Ausschnitt auf. »Weißt du, was er zu mir gesagt hat? *Miss Baker, stimmen Sie mir erst zu, wenn ich ausgeredet habe.*«

»Gottlob hast du ihn ausreden lassen.«

»Er hat den Künstlernamen Marilyn einfach bestimmt. Ich wollte den gar nicht.«

»Mr Zanuck hat zweiunddreißig Oscars für die 20th Century Fox nach Hause gebracht. Da darf er sich schon mal wünschen, wie eine junge Schauspielerin zu heißen hat.«

Marilyn drehte sich um, und Paula zog den Reißverschluss zu. »Mit Monroe war ich einverstanden. So heißt meine Familie mütterlicherseits. Aber warum konnte ich nicht weiter *Jeane* genannt werden?«

»Weil eine blonde Jeane Monroe zu ähnlich geklungen hätte wie Jean Harlow. Komm, schlüpf in die Schuhe.«

»Paula, so kenne ich dich gar nicht. Sonst zählt bei dir immer nur die Wahrheit in der Kunst und auf einmal …«

»Ich will dir nur klarmachen, dass es auf den Namen nicht ankommt. Nur auf dich kommt es an. Du bist du, ob du nun Norma Jeane oder Marilyn heißt. Du glaubst, dieses *Marilyn-Ding* sei etwas Fremdes, von außen Aufgesetztes. Irrtum, Miss Monroe. Von allen Schauspielerinnen auf der Welt könnte keine einzige eine Marilyn sein. Das bist du ganz allein.«

***

Im Herbst 1953 besuchte Grace McKee, verehelichte Grace Goddard, ihre Schutzbefohlene in San Francisco. Grace war längst nicht mehr Marilyns Vormund, benahm sich aber gern noch so.

»Du willst ihn wirklich heiraten?«, fragte sie beim Eintreten.

»Ist das nicht eine umwerfende Idee?« Marilyn stellte den schweren Koffer ab.

»Hat er dir denn schon einen Antrag gemacht?« Den kleinen Koffer trug Grace selbst.

»Was das betrifft, ist Joe ein bisschen scheu.« Marilyn warf sich auf das rote Ledersofa. »Weißt du eigentlich, was mir bei unserem ersten Date passiert ist?«

Grace sah sich in der Suite um, die Marilyn gemietet hatte, da sie nicht bei Joes Familie wohnen wollte. »Was denn?«

»Ich habe ernsthaft angenommen, Joe spielt Football!«

»Joe DiMaggio?« Da musste selbst Grace lachen.

»Football – Baseball, für mich machte das keinen besonderen Unterschied. Darum habe ich die größte lebende Baseball-Legende gefragt, warum der Football nicht rund ist, sondern aussieht wie eine Kaffeebohne.«

»Und was hat er geantwortet?«

»Er war süß«, rief Marilyn schwärmerisch. »Er sagte: *Das weiß ich nicht, weil ich nicht Football spiele. Beim Baseball ist der Ball rund.*«

»Und du?«

»Ich habe mich schrecklich geschämt. Während des Dinners kamen bestimmt zehn Leute an unseren Tisch und haben Joe um ein Autogramm gebeten. Mich haben nur zwei gefragt.« Sie streifte ihre Schuhe ab. »Puh, bin ich fertig!«

Schwer atmend richtete Grace sich über ihrem Koffer auf. »Und du bist sicher, dass er dich heiraten wird?«

»Er weiß es noch gar nicht«, antwortete Marilyn verschmitzt. »Aber ich kriege ihn schon dazu. Ich kriege die Männer zu allem, was ich will.« Sie hob ein Bein und vollführte ein Ballett mit ihren Zehen.

Plötzlich taumelte Grace und hielt sich an der Wand fest.

»Bist du in Ordnung?«

»Alles bestens. Ich bin nur ein bisschen erschöpft.« Vorsichtig sank Grace auf den Rand des Sofas. »Ich könnte mir vorstellen, warum Joe mit dem Heiraten noch zögert.«

»Ach ja?«, fragte Marilyn neugierig.

»Ich habe von den Hochzeitsfeierlichkeiten mit seiner ersten Frau gelesen.«

»Dorothy, ja, ich weiß. Er hat mir alles erzählt.«

»Sie wurden hier getraut, in San Francisco. Damals hat DiMaggio noch aktiv für die Yankees gespielt. Er war … Wie soll man das sagen? Er war ein Gott. Er war derjenige, der den ungekrönten Baseballkönig Babe Ruth vom Thron gestoßen hat. Ganz Amerika liebte DiMaggio. Sie haben in der Peter-und-Pauls-Kirche geheiratet. Es stand in allen Zeitungen. Die Straßen waren voll mit Gratulanten und Neugierigen. Es soll zugegangen sein, als wäre der amerikanische Präsident in der Stadt.«

Schmunzelnd sah Marilyn an die Decke. »Kannst du dir vorstellen, was erst los sein wird, wenn Joe DiMaggio und Marilyn Monroe einander das Jawort geben?«

»*Wenn* er dir das Jawort gibt.« Grace hielt sich den Unterleib und atmete gleichmäßig.

»Hör auf mit diesen Unkenrufen.« Impulsiv setzte Marilyn sich auf. »Wenn Joe und ich zusammen sind, ist es die reine Magie. Egal, was wir tun, es ist Magie. Und im Bett ist es ein Wirbelsturm. Warum sollte er mich nicht heiraten wollen?«

»Weil er katholisch ist.«

»Na und? Ich wurde auch religiös erzogen.«

»Du verstehst nicht, was ich meine. Joe hat sich 1944 scheiden lassen.«

»Das ist fast zehn Jahre her.«

»Die katholische Kirche verbietet geschiedenen Männern, sich wieder zu verehelichen.«

Marilyn stützte die Ellbogen auf die Knie. »Das wusste ich nicht. Und was passiert, wenn Joe es trotzdem tut?«

»Dann wird er von Rom exkommuniziert.«

»Und das heißt?«

»Wenn dein Joe wirklich streng katholisch ist, kann er das nicht tun. Er lässt sich bestimmt nicht aus seiner geliebten Kirche ausschließen. Dann hätte er keinen Zugang mehr zu Gott.«

»Das …« Marilyn stutzte. »Das hat er mir noch nie gesagt.«

»Weil es ein ernst zu nehmendes Hindernis für ihn ist.«

»Scheiße«, flüsterte Marilyn.

Grace krümmte sich und stieß ein lautes Ächzen aus.

»Was ist denn, Tante Grace?«

»Ach nichts. Ich bin von der Reise erschöpfter, als ich angenommen habe. Mach dir keine Sorgen.«

Marilyn stand auf. »Nein, etwas stimmt nicht mit dir.«

»Kann ich ein Glas Wasser haben?«

Marilyn goss ihr aus der Karaffe ein. »Sag mir die Wahrheit. Was ist los?«

Grace trank hastig. Ihre kleinen, ein wenig füchsischen Augen bekamen einen ängstlichen Ausdruck. »Es ist Krebs, mein Engel. Ein ziemlich übler Krebs. Er kommt vom Alkohol, sagt der Doktor. Gott bestraft mich für den vielen Alkohol, den ich getrunken habe.«

»O Gott … Gracie –« Marilyn zwang sich, ihren Schock rasch zu überwinden. »Wie ernst die Sache auch sein mag, wir kämpfen dagegen. Ich habe so viele Ärzte, ich rufe sie alle an. Einer von denen kann dir bestimmt helfen.«

Grace legte Marilyn die Hand auf die Schulter. »Es ist Gottes Wille, mein Engel. Die Strafe für meine Sünden.«

»Du bist ein guter Mensch, Tante Grace. Du bist mir der liebste Mensch.«

»Nach allem, was ich dir angetan habe?«

»Du hast es aus Liebe getan, Gracie. Weil du deinen Mann geliebt hast. Was man aus Liebe tut, ist keine Sünde.«

Sie umarmten einander.

Wochen später konnte Grace das Bett nicht mehr verlassen. Sie war im Krankenhaus gewesen. Es gab keine Möglichkeit, ihr noch zu helfen. Auf eigenen Wunsch wurde sie nach Hause entlassen.

Marilyn verbrachte mehrere Tage mit ihr. »*Schmerz und Krankheit sind Gottes Art, uns den wahren Weg zu weisen.*« Sie lag neben der Kranken und las aus einem Buch vor, das sie mitgebracht hatte. »*Krankheit ist nicht das Ende, Schmerz ist nicht das Ende. Krankheit ist der Pfad. Schmerz ist der Meister, der uns lehrt, den rechten Pfad zu beschreiten.*«

Grace atmete schwer. Ihr Haar, sonst in säuberliche Wellen gelegt, hing ihr schweißnass in die Stirn.

»*Schmerz ist der Zeigefinger in die Richtung, die wir ohne den Schmerz nicht gesehen hätten. Es ist der Finger Gottes, der uns zeigt ...*«

»Hör auf!«, schrie Grace mit einer Kraft, die man ihrem abgezehrten Körper nicht mehr zugetraut hätte. »Hör um Gottes willen auf. Das sind nichts als erfundene Sätze. Es ist alles Quatsch.«

»Der Autor des Buches ist ein Professor in ...«

»Bullshit«, presste Grace hervor.

»Er bezieht sich auf die Bibel.« Hilflos sah Marilyn die Schmerzgeplagte an. »Ich dachte, weil du doch religiös bist ...«

»Wenn Gott so fies ist, einen Schmerz wie diesen zu erschaffen, dann ist Gott ein Arschloch«, keuchte Grace.

»Ich gebe dir noch eine Tablette.«

»Hack mir lieber gleich den Kopf ab! Das ist das Einzige, was mir Erleichterung bringen würde.«

»Gracie, Tante Grace ...«

»Hör schon auf damit«, fauchte die Kranke. »Du machst alles nur noch schlimmer!«

»Ich?«, fragte Marilyn erschrocken.

»Ich habe dein wahres Wesen nie erkannt«, fuhr Grace nach einer Pause fort. »Ich hätte sehen müssen, was in dir steckt. Aber ich habe es nicht gesehen und dich schlecht behandelt. Und jetzt bist du als schimmernder Stern über der Welt aufgegangen. Ich dagegen kratze ab.«

»Du hast mich aber doch erkannt, Tante Grace«, widersprach Marilyn.

»Wie kommst du darauf?«

»Als wir im Kino gewesen sind. Ich war noch ein kleines Mädchen, da hast du mich geschminkt, bis ich aussah wie Jean Harlow. Du hast gesagt, eines Tages wäre ich selbst Jean Harlow.«

»Ich habe es vielleicht gesagt, aber gemeint habe ich es nicht. Was sagt man nicht alles zu einem Mädchen, dessen Mutter in der Klapse sitzt? Außerdem habe ich auf den Knubbel auf deiner Nase gezeigt und gesagt: ›Mit dem Knubbel wirst du nie Jean Harlow.‹«

Marilyn nahm die Kranke in den Arm. »Heute ist es der berühmteste Knubbel der Welt. In ein paar Wochen heiraten Joe und ich. Ich möchte, dass du dabei bist. Wir suchen ein wunderschönes Kleid für dich aus. Mein Maskenbildner macht dein Make-up. Du wirst perfekt aussehen. Du wirst mir die Show stehlen, wart's nur ab.«

Grace musste lachen. Schon packte der Schmerz wieder zu.

In diesem Herbst nahm sich Grace Goddard das Leben. Der Leichenbeschauer stellte eine Überdosis Barbiturate fest. Marilyn bezahlte für das Arrangement der Beerdigung. Sie selbst erschien dort nicht persönlich.

22

Es ging auf Mitternacht. Das *Michael's* begann sich zu leeren. Der Tisch in der hintersten Nische leuchtete, als wäre ein Scheinwerfer darauf gerichtet. Doch das kam nur von der Hängelampe, deren stoffbespannter Schirm durchgeschmort war.

»Es war das Märchen vom Aschenputtel«, sinnierte Billy. »Die Presse wollte Marilyns Karriere wie die Story von Cinderella aussehen lassen.«

Larry fühlte sich nicht gut. Er hatte ein wenig zu viel getrunken. »Aschenputtel ist ein interessanter Vergleich. Wisst ihr, warum?«

»Warum?« Joe hatte viel zu viel getrunken.

»Weil Aschenputtel keine Schauspielerin war. Und Marilyn ist auch keine Schauspielerin.«

»Na, hör mal –«, ging Joe dagegen.

»Lass ihn ausreden«, unterbrach Billy. »Ich bin gespannt, was du damit sagen willst.«

Sir Laurence überlegte mehrere Sekunden lang. »Tief in ihrem Inneren, ohne dass sie es weiß, will Marilyn eigentlich nicht spielen. Sie hat sogar eine Heidenangst davor. Sie möchte sich gern *zeigen*, aber das ist etwas komplett anderes. Marilyn hat ihre Karriere als Model begonnen, als ein Wesen, das man bunt anmalt und mit hübschen Dingen behängt. Durch Zufall oder eine dumme Grausamkeit des Schicksals wurde sie dazu gebracht, Schauspielerin zu werden. Hier liegt die wahre Antwort auf das Phänomen Marilyn.«

Billy kaute auf seiner erkalteten Zigarre. »Also gewissermaßen eine gespaltene Persönlichkeit?«

»Um das Mindeste zu sagen«, nickte Larry. »Keiner weiß, auf wie viele Arten sie gespalten ist.« Er warf einen Blick zu Gladys, ob die sich dazu äußern wollte. Doch die weißhaarige Frau saß seit einiger Zeit stumm da, den Blick auf den Tisch gesenkt und schien völlig abwesend zu sein.

Miss Ritter, die Pflegerin, hatte ihren dritten Scotch vor sich. »Wenn ich Sie richtig verstehe, Mr Laurence, dann läuft das auf die simple Behauptung raus: *Wie die Mutter so die Tochter?*«

»Schsch…« Mit einem Wink zu Gladys senkte Larry die Stimme. »Das sollten wir in Mrs Eleys Gegenwart nicht besprechen.«

»Sprechen Sie frei von der Leber weg, Mister Sir.« Miss Ritter nahm einen Schluck. »Wenn sie in diesem Zustand ist, könnte der Laden hier abbrennen oder der Präsident ihr die Tapferkeitsmedaille verleihen, sie würde nichts davon mitkriegen.«

»Ist Gladys öfter so?«

Miss Ritter zuckte die Schultern. »Haben Sie eine Ahnung, was katatone Schizophrenie bedeutet?« Sie lehnte sich zurück. »Manchmal hört Gladys Stimmen. Manchmal ist sie überzeugt davon, dass sie verfolgt und ausspioniert wird.«

Billy pikte mit der Zigarre in Richtung der Pflegerin. »Marilyn hat mir das Gleiche über sich selbst erzählt. Angeblich hätte Kennedy die CIA auf sie angesetzt, behauptet sie.«

»Unsinn, die CIA ist der Auslass… der Auslandes…« Joe brachte das Wort nicht heraus.

»Der Auslandsgeheimdienst«, half Billy ihm weiter.

»Genau das meine ich. Was soll die CIA von einer Schauspielerin wollen?«

»So wichtig bist du nicht, dass der Präsident die schwere Artillerie auf dich ansetzt, habe ich Marilyn gesagt. Aber sie ist überzeugt, die Kennedys wollten ihr ans Leder.«

»Das wollen sie schließlich auch«, kicherte Joe schwer betrunken. »Aber dafür brauchen die Brüder nicht den Geheimdienst.«

»Entschuldigen Sie, Miss Ritter, wir haben Sie unterbrochen«, sagte Larry.

»Gladys' Krankheit zeigt sich am häufigsten darin, dass sie glaubt, fremdgesteuert zu sein. Sie hat tagelange Halluzinationen. Wussten Sie, dass sie …« Ein Blick zu Billy. »Dass Gladys versucht hat –«

Billy Wilder nickte. »Das war während der Dreharbeiten zu *Some Like It Hot*. Ich musste den Film tagelang unterbrechen, damit Marilyn zu ihrer Mutter fahren konnte.«

Miss Ritter betrachtete ihre Patientin. »Sie hat es mit einer Rasierklinge versucht. Wir wissen bis heute nicht, woher sie die hatte. Nach solchen selbstzerstörerischen Phasen folgen Apathie, Antriebslosigkeit und Rückzug. Dann erst sind wir im Kern der katatonen Schizophrenie angelangt. Dann sitzt sie so da wie jetzt, bewegungslos, erstarrt, aber bei Bewusstsein.«

»Könnte man … Ich meine, gibt es für sie eine Heilung durch Medikamente?«, fragte Larry.

»Diese Frau hat schon mehr Pillen verabreicht bekommen, als gesund sein kann. Manchmal verschwinden die Symptome dann eine Zeitlang. Sie wurde auch schon mehrmals entlassen. Sie und Marilyn haben sogar einige Zeit zusammengewohnt. Aber nie für lange. Nach ein paar Wochen taucht meistens irgendein Sekretär von Miss Monroe in der Klinik auf und sagt, wir sollten Marilyns Mutter abholen.« Allmählich versackte die Stimmung. Die Kellner begannen im Hintergrund mit dem Saubermachen. Der Koch steckte den Kopf aus der Küche, nahm die Schürze ab und besprach sich leise mit Michael, ob er Feierabend machen könnte. Der Restaurantbesitzer setzte sich an seinen Stammplatz und goss sich den x-ten Ramazzotti ein. Er würde die Stellung halten, solange die Gesellschaft in der hinteren Nische das wünschte. Aber das Personal brauchte er dafür nicht hierzubehalten.

Der Klavierspieler setzte sich zu Michael. »Devo restare?«, fragte er.

»No, vai a casa, Tonino. Geh nach Hause. Heute brauchen wir keine Musik mehr.«

»Ma scusa, capo –« Der Pianist hatte noch etwas auf dem Herzen.

»Che?«

»Wenn sie doch kommt – ich meine Miss Monroe, ich habe sie nämlich noch nie persönlich gesehen. Wenn sie wirklich kommt, muss doch jemand *Happy Birthday* spielen.« Aus müden, wachen Augen sah er den Chef an.

Michael warf einen Blick auf die Wanduhr. »È quasi mezzanotte. Wenn sie bis Mitternacht nicht da ist, kommt sie gar nicht mehr.«

»Bene. Allora rimango. Ich bleibe noch bis Mitternacht.«

»Grazie, Tonino.« Michael schenkte dem Pianisten einen Ramazzotti ein.

»Ich glaube, sie kommt nicht mehr«, seufzte Billy.

»Hast recht, wahrscheinlich kommt sie nicht.« Das leere

Glas in der Hand, überlegte Larry, was er seinem Magen Gutes tun könnte.

»Ich sage euch: Sie kommt«, konstatierte Joe, der die Augen kaum noch offen halten konnte.

»Entschuldigen Sie, Michael –«, rief Sir Laurence. »Was trinken Sie denn da?«

»Ramazzotti, Magenbitter!« Der Besitzer sprang auf.

»Könnte ich so etwas auch haben?«

»Der Magen?«, erkundigte sich Michael einfühlsam.

»Irgendetwas stimmt nicht.« Larry lächelte.

»Dann darf ich Ihnen einen *Dottore* machen, Sir Laurence?«

»Was ist das?«

»Mein Geheimrezept. Er besteht aus drei verschiedenen Kräuterlikören. Ich schwöre darauf.«

»Ja bitte, das wäre sehr freundlich von Ihnen.«

Michael verschwand hinter der Bar.

»Kann keiner hier irgendwas Schönes erzählen?«, brummte Joe. »Irgendwas Positives über Marilyn. Dauernd mäkeln wir nur über sie: was sie falsch macht und wie sehr sie nervt. Dabei ist sie das belebendste Geschöpf auf Erden. Die lustigste und weichste und verständnisvollste Frau der Welt.«

»Du liebst sie eben immer noch«, entgegnete Billy zart.

»Und daran –«, ein triefäugiger Blick Joes, »daran wird sich auch nie etwas ändern. Ich liebe Marilyn bis zu meinem Tod.«

Warmherzig sah Larry den Sportler an. »Als ich sie das erste Mal getroffen habe, dachte ich, das ist das bezauberndste Wesen, das mir im Leben je begegnen würde. Denn wenn sie so ist wie an unserem ersten Abend, dann ist es unmöglich, sich nicht in sie zu verlieben. Und zwar auf den ersten

Blick. Sie hat diese Gabe. Ohne viel zu tun, bringt sie Menschen dazu, ihr vollkommen zu verfallen.«

»Ja, so ist sie.« Joe nickte schwer.

»Verdammt, ich weiß«, ließ sich Billy hören. »Sie hat diesen Zauber, nur sie.«

Alle blickten versonnen vor sich hin.

»Ich habe mich unsagbar darauf gefreut, diesen Film mit ihr zu drehen«, fuhr Larry fort. »Ich bewunderte sie damals so sehr, ihren Witz, die Sensibilität und natürlich ihre hinreißende Schönheit. Ich habe mich danach gesehnt, mit jemandem, der all das besitzt, einen Film zu machen.« Er ließ den Atem langsam ausströmen. »Hast recht, Joe: Wir sollten uns heute Nacht an die schönen Dinge mit Marilyn erinnern. Ich habe bei der Arbeit leider nicht das Beste aus ihr herausgeholt. Es ist mir einfach nicht gelungen.« Er prostete Billy zu. »Du hast das gekonnt, du Teufelskerl. Du hast mit ihr die großartigste Komödie aller Zeiten gedreht.«

Billy stieß mit Sir Laurence an. »Die Firma dankt.«

23

Da Marilyn den Studios zu schwierig geworden war, begann Hollywood 1958, sich Ersatzblondinen zu suchen. Doch keines der neuen, blondierten Starlets konnte ihr das Wasser reichen. Sie verschwanden meistens so schnell, wie sie zu Probeaufnahmen gekommen waren. Es ging nicht ohne Marilyn. Sie war die Nummer eins. Sie konnte jede Bedingung stellen. Hollywood war ihr ausgeliefert.

Billy Wilder hatte einen regelrechten Bammel davor, Miss Monroe das Drehbuch zu seinem neuen Projekt zu schicken. Ihr letzter gemeinsamer Film, *Das verflixte 7. Jahr*, war ein Erfolg gewesen, aber Klischeeblondinen, wie sie sie unter Wilders Regie gespielt hatte, lehnte Marilyn reihenweise ab. Ermutigt von Lee Strasberg, weigerte sie sich, das blonde Dummchen zu spielen, das die Männer aus grünblauen Kulleraugen anhimmelte. Doch Billy hatte ihr leider genau so eine Rolle anzubieten: eine blonde Sängerin, die von sich selbst behauptete, nicht besonders helle zu sein, und sich andauernd in nichtsnutzige Saxofonspieler verliebte.

Was die Besetzung betraf, befand Billy sich in der Zwickmühle. Jack Lemmon wäre die Top-Besetzung für einen seiner Helden gewesen, aber er galt noch nicht als bekannt genug. Lemmon hatte jenen Starstatus nicht erreicht, den es brauchte, um einen Film an der Kasse zu zünden. Die Mitwirkung von Tony Curtis schwankte, weil der Frauenliebling ein Problem damit hatte, in Frauenkleidern aufzutreten. Daher benötigte Billy wenigstens noch einen hundertprozentigen Star, um Jack Lemmon durchzusetzen. Billy brauchte Marilyn.

»Kann sein, dass ich es mache«, sagte sie am Telefon.

»Kann sein?«, nuschelte er. »Von *kann sein* kann ich mir nichts kaufen.«

»Willst du etwa, dass ich sofort zusage?«

»Das ist eine Bombenkomödie. Was Besseres haben Diamond und ich nie geschrieben.«

»Mir steht der Sinn zurzeit aber nicht nach Komödien, Billy.«

»Was willst du stattdessen spielen – Medea? Klytemnestra? Elektra?«, witzelte er.

»Elektra? Ist das die, die ihre Kinder verspeist?«, fragte sie interessiert.

»Nein, das ist das Pin-up-Girl meines Stromversorgers.« An ihrem Schweigen erkannte er, dass sie nicht zu Scherzen aufgelegt war. »Sorry, Marilyn. Ich meine ja nur, die Rolle ist wunderbar. Wir werden viel Spaß bei den Dreharbeiten haben. Es sind herrliche Szenen für dich drin. Und zwei – nein, drei große Musiknummern. Ich zeige dir die Kostümentwürfe, du wirst aussehen wie ein Traum. Und ich habe ein Setting in San Diego gefunden, ein altes Hotel aus den zwanziger Jahren. Tony Curtis wird dein Partner sein, du kennst Tony ja schon. Und dann habe ich einen jungen Komiker gefunden, den wirst du lieben. Wir tragen dich auf Händen durch diesen Film. Es wird ein Spaziergang, Marilyn.«

Am Ende des Telefonats hatte Billy sie so weit, sich die Sache ernsthaft zu überlegen. Ein Grund dafür war, dass er ihre Gage verdoppelt hatte.

»Danach drehe ich aber hundertprozentig einen ernsthaften Film«, gab sie bekannt, als müsste sie sich entschuldigen, schon wieder eine Komödie zu machen.

»Sicher, das machst du, gute Idee, etwas Dramatisches. Ich halte dir die Daumen«, ging Billy erleichtert darauf ein.

»Arthur schreibt gerade ein Drehbuch für mich. Eine tolle Story. Wenn alles klappt, spiele ich an der Seite von Clark Gable!«

Sie wollte Begeisterung von Billy hören, aber er konnte nicht anders, als einen seiner trockenen Witze abzulassen. »Gable – lebt der denn noch?«

»Du bist unmöglich, Billy. Du wirst schon sehen, ich zeig's euch allen eines Tages.«

»Du hast es uns schon gezeigt, Marilyn. Keine ist wie du.«

Nachdem sie aufgelegt hatte, trat sie vor den Spiegel und sagte zu sich selbst: »Als Nächstes spielst du eine große, ernst zu nehmende Frauenrolle. Versprochen?«

»Versprochen«, antwortete der Spiegel nach einem winzigen Zögern.

***

Jeder, der das Drehbuch las, fand es unmöglich. Billy Wilder hatte vor, eine Story, die vielleicht für einen fünfminütigen Travestiesketch gereicht hätte, zu einem Zweistundenfilm aufzublasen. Unmöglich auch, dass er dazu einen deutschen Film der Nachkriegszeit zur Vorlage nahm, der gefloppt war: *Fanfaren der Liebe* mit Dieter Borsche und Georg Thomalla. Wer wollte das sehen? Zwei arbeitslose Musiker, die im zerstörten Nachkriegsberlin am Verhungern waren und so verzweifelt einen Job suchten, dass sie ein

Engagement bei einer Mädchenband annahmen und sich dafür als Frauen verkleideten.

Witze über Travestie galten als schmuddelig, Männer in Frauenkleidern traten vorwiegend in billigen Vaudeville-Shows auf. Dazu kam die Grenze zur Homosexualität, die Billy mit diesem Stoff zu überschreiten drohte. Während der McCarthy-Ära wurde landesweit gegen Homosexuelle ermittelt. Die Schlagworte *lavender scare* und *pervert peril* machten die Runde. Damit der lavendelfarbene Schrecken und die perverse Gefahr das Land nicht überschwemmten, unterzeichnete Präsident Eisenhower 1953 die Executive Order, wonach im Interesse der nationalen Sicherheit keine homosexuellen Mitarbeiter im Öffentlichen Dienst angestellt werden dürften. Das Beschäftigungsverbot blieb bis 1975 bestehen.

»Komm heute ein bisschen früher«, sagte Walter Mirisch, dessen Firma den Film vertreiben würde, zu Tony Curtis. Die Mirisch Company gab eine Dinnerparty in seinem Privathaus. »Billy Wilder will mit dir reden.«

»Ich weiß, worüber Billy mit mir reden will«, seufzte Tony. »Er will mich in dieses tuntige Projekt hineintheatern. Aber das wird ihm nicht gelingen.«

Tony kam trotzdem zeitiger, Billy nahm ihn beiseite. »Du spielst einen Musiker«, begann er.

»Habe ich gelesen.« Tony nippte an seinem zweiten Drink. »Der Musiker, den ich spiele, ist ein bisschen vom anderen Ufer, stimmt's?«

»Im Gegenteil. Er liebt die Frauen.« Billy hatte sich deutsches Bier einschenken lassen.

»Wieso läuft dieser Musiker dann drei Viertel des Films im Fummel rum?«

»Weil das der Kern meiner Story ist.«

»Ich mag diesen Kern nicht.«

Billy stellte das Bierglas ab und begann, vor Tony auf und ab zu laufen. »Dieser Saxofonspieler und sein Kumpel werden Zeuge eines Mordes. Deshalb müssen sie abhauen.«

»Warum hauen sie nicht in Männerklamotten ab?«

»Warte mal. Das Ganze spielt Ende der zwanziger Jahre, während der Depression.«

»Das ist noch kein Grund, sich einen BH umzuschnallen.«

»Die Jungs sind auf der Flucht. Sie müssen aus Chicago fort, und es gibt keine Jobs.«

»Immer noch kein Grund«, konterte Tony.

»Es ist Winter.«

»Im Winter zieht man sich warm an. Kein Mann würde bei Minusgraden Seidenstrümpfe und Stöckelschuhe tragen.«

»Du hast den springenden Punkt noch nicht verstanden, Tony.« Billy nahm einen Schluck. »In ihrer Not erfahren sie von einem mehrwöchigen Engagement in Kalifornien. Sonne, Palmen, Meeresrauschen. Aber das Engagement gilt für eine Frauenband. Sie können nur mitfahren, wenn sie …«

Tony unterbrach ihn. »Ich habe das Skript gelesen, Billy. Es ist lustig geschrieben, wirklich, Kompliment. Ich will es auch machen, aber du kriegst mich nicht dazu, vier Fünftel des Filmes in Frauenfummeln rumzulaufen. Da spielen meine weiblichen Fans verrückt.«

Billy breitete die Arme aus. »Deine Fans wissen, dass du ein Eins-a-Mann bist, sexy, sportlich, ein Womanizer. Außerdem kriegst du am Ende das Mädchen. Und das Mädchen ist keine Geringere als Marilyn Monroe.«

Tony wiegte den Kopf. »Das ist auch so eine Sache«, sagte er sorgenvoll.

»Hast du ein Problem, mit Marilyn zu spielen?« Billy nahm die Schiebermütze ab und kratzte sich am Kopf. »Sie ist der gefragteste Star, der zurzeit rumläuft.«

»Wir haben einmal zusammen Probeaufnahmen gemacht. Dabei musste ich sie küssen. Und ich kann dir eins sagen: Marilyn zu küssen ist, als ob du Adolf Hitler küsst.«

»Das würde ich in ihrer Gegenwart nicht wiederholen.«

»Sie ist so verkrampft −«

Billy legte Tony die Hand auf die Schulter. »Ich verspreche dir, du musst Marilyn nur in einer einzigen Szene küssen und kannst dabei sogar so tun, als ob es dir nicht gefällt. Sie knutscht mit dir und du sagst: *Da tut sich nichts bei mir.*«

»Die Stelle muss ich überlesen haben.«

»Hast du nicht.« Billy quäkte sein Lachen. »Die Stelle steht noch gar nicht drin. Ich schreibe sie für dich hinein.«

»Das machst du?«

»Versprochen.«

»Und ich darf zwischendurch in Männerkleidern auftreten?«

»Versprochen.«

»Wie steht eigentlich Jack Lemmon zu der Sache mit dem Make-up und den Büstenhaltern?«

»Jack ist Feuer und Flamme. Er würde am liebsten nur noch so herumlaufen, um sich *vorzubereiten.*«

Tony wurde hellhörig. »Aber Jack – der ist doch nicht …?«

»Keine Sorge, hundertprozentig hetero. Aber er ist ein Spaßmacher. Ihm gefällt die Sache mit Rouge und Lippenstift.«

»Okay, Billy, okay, ich kann dir einfach nichts abschlagen«, seufzte Tony. »Ich fasse zusammen: Ich darf Marilyn in der Rolle schlecht behandeln?«

»Schlechter geht's gar nicht. Um sie ins Bett zu kriegen, spielst du ihr vor, Millionär zu sein.«

»Zweitens: Die Kinozuschauer wissen die ganze Zeit, dass ich ein Mann bin?«

»Das ist der Witz des Filmes.«

»Drittens: Was das Rumgetucke betrifft, macht Lemmon den Hauptpart?«

»Jack ist absolut scharf darauf. Er hat sich ein Make-up ausgedacht, mit dem er seiner eigenen Mutter ähnlich sieht.«

»Komischer Kauz.« Tony schüttelte den Kopf.

»Ein Komiker eben.« Billy zuckte die Schultern.

»Schön, Billy. Unter diesen Bedingungen mache ich es.«

»Deine Hand drauf.«

Sie schüttelten einander die Hände und gingen hinüber, wo das Dinner gerade serviert wurde.

24

Am 7. Juli 1958 reiste Marilyn zu den Dreharbeiten ins kalifornische San Diego, nahe der mexikanischen Grenze. Wie immer war Paula Strasberg mit von der Partie.

Solange sie rund um das traditionsreiche Coronado Hotel drehten, lief alles wie am Schnürchen. Billy plante Marilyns Unzuverlässigkeit von vornherein ein und hatte einen großzügigen Drehplan disponiert, besonders für Außenaufnahmen am Strand: drei volle Tage für eine Dialogszene von zwei Seiten. Die zu erwartenden Schwierigkeiten hatten nicht nur mit Marilyn zu tun. Unweit des Hotels befand sich eine US-Navy-Base, wo in regelmäßigen Abständen Düsenjets aufstiegen. Die Kampfjäger überflogen den Filmset durchschnittlich alle fünfzehn Minuten. In diesen Intervallen musste gearbeitet werden, da der Flugzeuglärm das Drehen unmöglich gemacht hätte.

Tony trug eine schnittige Marineuniform und gab sich als Erbe der Shell-Oil-Company aus. Marilyn tollte im Badeanzug im Meer herum, während er in einem Strandkorb Platz nahm. Beim Ballspiel mit den anderen Mädchen in der Brandung rollte der Ball an den Strand, Marilyn rannte hinterher, worauf Tony ihr ein Bein stellte.

Den Sturz in den Sand hatten sie schon gedreht. Jetzt kam die Dialogszene dran. Alle am Set wirkten nervös. Sie hatten nur fünfzehn Minuten Zeit, bevor der nächste Jet über sie brausen würde. Und sie kannten Marilyn.

»Bereit, Marilyn?«, fragte Billy.

Der Maskenbildner tupfte noch an ihrer Nase herum.

Es war so heiß, wie es in Südkalifornien im Winter eben war.

»Lass das«, schnarrte Billy. »Du kannst Marilyns Make-up korrigieren, wenn der Flieger kommt.«

»Ich bin bereit«, gab sie bekannt und zog ihr kurzes Bademäntelchen glatt.

»Kamera.«

»Läuft.«

»Ton.«

»Wir rollen.«

Billy schob die Zigarre in den anderen Mundwinkel. »Und – Action.«

Tony half Marilyn vom Boden auf. »Haben Sie sich verletzt, Miss?«

»Schwer zu sagen.«

»Das wollen wir lieber untersuchen.« Er beugte sich über ihr Knie.

»Warum?«

»Weil sich die Leute, sobald sie herausfinden, wer ich bin, einen Rollstuhl besorgen, einen Winkeladvokaten, und dann verklagen sie mich auf eine Million Dollar.«

»Ich verklage Sie nicht, wer immer Sie auch sein mögen.« Marilyn musterte den Knaben in der schicken Uniform. »Wer sind Sie denn?« Sie beugte sich zu ihm.

Ihr Schatten fiel auf Tony. »Würde es Ihnen etwas ausmachen, zur Seite zu treten? Sie versperren mir die Sicht.«

»Die Sicht worauf?«

»Mein Cocktail-Stewart hisst eine weiße Flagge auf der Jacht, wenn es Zeit für die Cocktails ist.«

»Sie haben eine Jacht? Welche ist es denn? Die große dort drüben?« Marilyn beschirmte die Augen und schaute aufs Meer.

So ging die Szene munter weiter. Tony und sie hatten Spaß und Spielfreude. Sie lieferten den gesamten Take ohne einen einzigen Fehler ab, jedes Komma, jede Pointe saß. In nur achtzehn Minuten hatte Billy Wilder die Szene, für die er drei Tage veranschlagt hatte, abgedreht.

»Und Cut«, rief er zum Schluss und schaute ringsum in glückliche, erleichterte Gesichter. »Ich würde sagen: Das ist ein Kopierer.«

Es wurde applaudiert. Alle klatschten, vor allem für Marilyn, die ihren Applaus selig entgegennahm. Währenddessen trat Tony Curtis neben Jack Lemmon.

»Dank sei Gott dem Herrn«, raunte er. »Das ging besser als erwartet.«

»Freu dich nicht zu früh«, zischte Lemmon. »Die Dialogszenen im Hotelzimmer haben wir noch vor uns.« Er schlug ein Kreuzzeichen.

Tony grinste und ließ sich vom Maskenbildner abpudern.

Stolz kam Marilyn auf die Männer zu. »Das war toll«, rief sie. »Ich habe genau gespürt, was du fühlst und denkst, Tony. Die Energie zwischen uns war großartig.«

»Das fand ich auch«, erwiderte er freundlich. »Es macht so viel Spaß mit dir.«

»Danke.«

»Ich schließe mich dem Kompliment an«, sagte Lemmon, während er sich einen Spiegel geben ließ und seinen Lippenstift nachzog.

***

»Sie ist eine Katastrophe«, knurrte Lemmon.

»Das Schlimmste, was ich je erlebt habe«, stimmte Tony zu. »Wie oft musste Billy die Szene wiederholen?«

»Dreiundachtzig Mal. Stell dir das vor, dreiundachtzig Einstellungen für einen einzigen Satz!« Er sprang vom Stuhl auf und imitierte Marilyn. »*Sugar – ich bin es!*«

Tony imitierte Billy Wilder und steckte sich eine Karotte als Zigarrenersatz in den Mund. »*'tschuldige, Marilyn, aber der Satz lautet: Ich bin es, Sugar. Weil andersrum macht es keinen Sinn.*«

»*Oh, danke, Billy*«, säuselte Jack als Marilyn. »*Wieso kann ich mir das nicht merken?*«

»*Weil du dir vorgenommen hast, mich in den Wahnsinn zu treiben.*« Tony kopierte den wienerischen Tonfall des Regisseurs, den Wilder auch nach Jahrzehnten in Hollywood nicht abgelegt hatte. »*Ich könnte dir den Satz auf einen Zettel schreiben und irgendwo hinhängen, wo ihn die Kamera nicht sieht*«, schlug er vor.

»*Ach wo, Billy.*« Jack klimperte mit den Wimpern. »*So einen simplen Satz werde ich mir doch merken können.*«

Tony hob den Arm. »*Und – Action, Marilyn!*«

Lemmon klopfte als Marilyn an eine imaginäre Tür und hauchte: »*Sugar – ich bin es!*« Er unterbrach sich selbst und sah Tony schuldbewusst an. »*Oh, sorry, Billy, jetzt habe ich es schon wieder falsch gemacht.*«

Die beiden waren allein in dem improvisierten Kantinenzelt, das neben dem Hotel aufgebaut worden war. Der Rest der Crew bereitete die nächste Einstellung vor. Da die Hauptdarsteller nicht so schnell dran sein würden, genehmigten sich Tony und Jack ein Bier.

»Als wir den Mist das letzte Mal gedreht haben, bin ich

über ein Kabel gestolpert und gegen die Kulissenwand gelaufen«, sagte Jack kopfschüttelnd. »Und ausgerechnet bei diesem Take machte Marilyn alles richtig. Billy hat die Szene sofort kopieren lassen. Die Leute im Kino werden sehen, wie ich gegen die Wand bumse, während Marilyn wunderbar ist.«

»Wir sollten froh sein, dass es vorbei ist«, seufzte Tony.

»Heilfroh.« Sie tranken stumm. »Was ist nur los mit diesem Mädchen? Einerseits kann sie sich die einfachsten Sachen nicht merken, und dann spielt sie einen langen Monolog ohne einen einzigen Fehler. Was geht in ihrem Kopf vor?«

»Wer hinter dieses Geheimnis kommt, hat den Schlüssel zu Marilyn Monroe in der Hand«, orakelte Tony.

»Ob ihr Mann das Geheimnis kennt?«

»Arthur Miller? Das glaube ich kaum. Der war heilfroh, wieder nach New York zu fliegen, hatte ich den Eindruck. Ich glaube, Marilyn macht ihn genauso verrückt wie uns.«

»Wir armen Hollywood-Schauspieler.« Lemmon trank aus.

Eine schrille Klingel zeigte an, dass die Mittagspause zu Ende war.

25

»Sie ist schwanger.«

Ein großer Mann mit herben Gesichtszügen, Hornbrille und streng nach hinten frisiertem, schwarzem Haar stand vor dem Panorama der Meeresbrandung des Pazifiks. Stand da wie eine Romanfigur von Hemingway, ein ganzer Mann und das Meer. Der Seewind zerstörte seine Frisur, der Flugsand ließ ihn blinzeln. Dieser Mann war Schriftsteller, seine Theaterstücke hatten den Broadway erobert, doch das war lange her. Arthur Miller hatte länger nichts mehr produziert. Er rang um einen neuen Stoff und um die Liebe seiner Frau.

Nur Miller zuliebe machte Billy einen Spaziergang am Strand, er setzte sich den Naturgewalten ungern aus. »Das ist wunderbar, Arthur.«

»Wunderbar für mich«, entgegnete der Autor. »Aber bringt es deinen Film nicht in Schwierigkeiten?«

Bei dem Wind versuchte Billy erst gar nicht, seine Zigarre anzuzünden. »Wir passen schon auf Marilyn auf. Das Kostüm für ihren Schlussauftritt habe ich ein bisschen weiter machen lassen. Das merkt keiner. Beim Drehen setze ich den Scheinwerfer so, dass sie nur bis zum Dekolleté zu sehen ist. Das kleine Bäuchlein darunter leuchten wir geschickt weg.«

»Danke, Billy.«

»Sie ist mein Star«, erwiderte er einfühlsam. »Was tut man nicht alles für seinen Star?«

»Ich habe Sorge, dass es zu anstrengend für sie wird.« Miller machte ein paar Schritte.

»Diesbezüglich kann ich dich beruhigen.«

Erstaunt drehte Miller sich um. »Macht sie dir denn keine Schwierigkeiten? Ich habe mit Laurence Olivier gesprochen, der hätte sie wegen ihrer Launen fast umgebracht.«

Billy kicherte. »Es gibt zwei Möglichkeiten. Entweder man kann Marilyn umbringen, oder man kann ihre Launen unterlaufen.«

»*Unterlaufen?* Wie stellst du das an?«

»Ich quäle sie. Ich bringe ihr absolut kein Verständnis entgegen.«

Miller fixierte den kleinen österreichischen Regisseur. »Ich habe mich wohl verhört.«

»Hast du nicht. Olivier hat den Fehler gemacht, auf Marilyn einzugehen. Ihre ewige Unpünktlichkeit, ihre Schwachsinnsidee, Paula überallhin mitzuschleppen, die Marilyns Kopf mit theoretischem Zeug vollpackt, das sie überhaupt nicht braucht. Marilyn hat einen beeindruckenden Instinkt, was die Schauspielerei betrifft. Sie merkt sofort, wenn etwas nicht stimmt. Sie braucht weder Strasberg noch mich.«

»Du hast gesagt, du quälst sie ...«, hakte Miller nach. »Was heißt das?«

Billy bekam einen verschmitzten Ausdruck. »Ich bombardiere sie mit so vielen Regieanweisungen, dass sie ganz kirre wird. Jedes Mal, nachdem sie eine Szene zum x-ten Mal geschmissen hat, erzähle ich ihr etwas Neues. Gebe ihr Gedanken vor, die die Figur denkt, erläutere ihr die Situation aus jedem erdenklichen Blickwinkel. Ich ...« Er unterbrach sich. »Bitte verzeih den Ausdruck, Arthur, aber ich scheiße Marilyn förmlich mit Regie zu.«

»Das muss sie doch nur noch mehr verwirren.«

»Genau.« Billy hatte das Herumlaufen im tiefen Sand satt

und blieb stehen. »Sie wird regelrecht verrückt davon, und um mich und mein Gelaber loszuwerden –« Er breitete die Arme aus. »Macht sie es endlich richtig!«

»Das ist aber eine ziemlich extravagante Methode.«

»Und eine wirksame. Auf diese Weise macht nicht sie mich verrückt, wie ihr das mit Larry gelungen ist, sondern ich sie. Weißt du, was sie gestern beim Dreh zu mir sagte? – Wir hatten eine Einstellung dreißigmal wiederholt. Marilyn machte immer den gleichen Fehler. Ich breche zum dreißigsten Mal ab und setze zu einem neuen Regiemonolog an. Sie unterbricht mich und sagt: ›Sag jetzt nichts mehr, Billy, sonst weiß ich nicht mehr, was ich spielen will.‹« Er lachte krähend. »Nach dreißig Einstellungen kommt sie langsam drauf, was sie spielen will! Und diesmal klappte es. Wir konnten es kaum glauben.«

Miller ging weiter. »Ich freue mich auf unser Kind. Das wird eine wunderbare Lebensveränderung für Marilyn.«

»Ich wünsche es euch so sehr.«

Miller drehte sich um. »Dr Krohn, ihr Gynäkologe, ist nicht so euphorisch. Er hat Marilyn gewarnt. Als sie sich trotz anfänglicher Versuche nicht an seine Anweisungen hielt, hat er mich um ein Vieraugengespräch gebeten.«

»Warum?«

»Er machte mir klar, dass meine Frau zu viele Medikamente nimmt. Sie nimmt Tabletten zum Aufputschen und zum Beruhigen. Ihre Privatärztin verschreibt ihr wiederum Pillen gegen die Depressionen, die von den anderen Tabletten ausgelöst werden. Marilyn nimmt Pillen gegen Pillen, kannst du dir das vorstellen? Es ist ein Teufelskreis.« Miller unterbrach sich. »Entschuldige, ich wollte dich nicht mit meinen Problemen belasten … Verzeih.«

»Wovor hat der Gynäkologe dich gewarnt?«, fragte Billy betroffen.

Miller sank in die Hocke und betrachtete eine Muschel im Sand. »Wegen der Tabletten isst sie kaum noch etwas Vernünftiges.« Er hob den Blick gegen die Sonne. »Es besteht die Gefahr, dass unser Kind … verhungert.«

Billy trat in sein Blickfeld. »War das von Anfang an so, ich meine, seit ihr zusammen seid?«

»O nein.« Als Miller hochkam, überragte er den Regisseur um zwei Haupteslängen. »Anfangs war sie so entzückend, so reizend interessiert an allem, was ich tue, besonders als sie meine Leute kennengelernt hat.«

»Deine Familie?«

Miller nickte. »Ich weiß, du und das Judentum, das ist eine eigene Story.«

»Wenn du meinst, dass ich nicht täglich die Tora studiere, könntest du recht haben«, lächelte Billy.

»Meine Leute leben orthodox. Bei uns zu Hause geht es koscher zu. Während unserer Familienfeste habe ich Marilyn am meisten geliebt. Sie war so neugierig, was es bedeutet, ein orthodoxer Jude – überhaupt *Jude* zu sein.«

Billy zündete sich nun doch die Zigarre an. »Ach? Da bin ich gespannt.«

»Meine Mutter gab sich Mühe, Marilyn alles zu erklären. Sie sagte: ›Marilyn, möchtest du Mazze-Eier probieren?‹ – Weißt du eigentlich, was das ist?«, fragte er Billy.

»Habe ich mal gegessen. Absolut geschmacklos, soweit ich mich erinnere. Du formst das Mazze-Brot zu kleinen Bällchen, gibst sie in die Suppe und löffelst das Ganze.«

»Richtig. Marilyn kostete und sagte: ›Das schmeckt lecker.‹ Deshalb machte meine Mutter bei unserem nächsten Besuch wieder Mazze-Eier. ›Die haben dir doch so geschmeckt, Marilyn‹, sagte sie. Marilyn aß mit großem Appetit davon. Zum Abendessen gab es noch einmal Mazze-Eier. Meine Mutter erkundigte sich, ob alles in Ordnung sei. Marilyns Antwort werde ich nie vergessen. Sie sagte: ›Die Mazze-Eier schmecken wunderbar. Aber gibt es nicht noch ein anderes Körperteil von dem Mazze-Tier, das man essen kann?‹«

**

Es war drei Minuten vor Mitternacht. Die Stimmung im *Michael's* hatte sich weiter verdüstert. Der Alkohol tat ein Übriges.

»Das war das letzte Mal, dass ich mit Arthur Miller gesprochen habe, solange er und Marilyn noch verheiratet waren«, schloss Billy. »Ein großartiger Mann. Ein trauriger Mann, glaube ich. Früher war er ein Leuchtfeuer der amerikanischen Literatur. Den Pulitzer-Preis hat keiner mehr verdient als er.«

»Er hätte sich eben nicht mit McCarthy anlegen sollen«, meinte Joe.

»Gott sei Dank hat er sich mit McCarthy angelegt«, widersprach Billy. »Für *Hexenjagd*, seine großartige Metapher auf die McCarthy-Jahre, sollte man Arthur Miller ein Denkmal setzen.«

»Aber was hat es ihm eingebracht?«, warf Larry ein. »Er wurde verhört, verleumdet und zu Gefängnis verurteilt. Man hat ihm seinen Pass abgenommen. Er konnte nicht mal nach Europa zu den Premieren von *Hexenjagd* reisen. Das Urteil wurde allerdings später aufgehoben.« Er zeigte auf die Uhr. »Mitternacht. Jetzt kommt sie sicher nicht mehr.«

»Sie kommt«, entgegnete Joe optimistisch.

»So etwas gelingt nur Marilyn«, sagte Larry. »Sie verpasst ihren eigenen Geburtstag.«

»Sie kommt«, wiederholte Joe. »Sie kommt bestimmt.«

Miss Ritter schob ihr leeres Glas beiseite. Sie hatte einen ordentlichen Schwips. »Für Gladys ist es Zeit fürs Bettchen. Ich sollte sie jetzt ins Hotel bringen.«

Alle betrachteten die apathisch dasitzende Frau.

»Nein, Miss Ritter«, ging Joe dagegen. »Marilyn soll ihre Mutter sehen, sonst wäre Ihre ganze Reise umsonst gewesen. Geben wir ihr noch eine Viertelstunde.«

Wieder wurde es still. Niemand außer ihnen saß noch im *Michael's*. Michael machte an seinem Tisch neben der Küche die Abrechnung. Zettel wanderten von links nach rechts und wurden abgeheftet.

Plötzlich sprang Sir Laurence auf. »Ich bin … Ich kann das …« Hektisch hob er die Arme. »Ich kann einfach nicht so lange sitzen. Verzeihen Sie mir. Das ist doch sinnlos, wir sitzen hier und reden, reden, reden über die Faszination, die Marilyn auf uns hat. Ich kann nicht länger sitzen bleiben, ich muss etwas tun. Entweder ich fahre ins Hotel oder …« Ein entschuldigender Blick in die Runde. »Hat vielleicht jemand Lust auf einen Spaziergang?« Er sah Billy an.

»Nicht mit mir.« Demonstrativ zog er an der Zigarre. »Bewegung mache ich nur, wenn es irgendwo brennt oder wenn sich ein Schauspieler nähert.«

»Ich glaube, dann fahre ich lieber ins Waldorf und lege mich schlafen«, entschied Larry. »Dieses Warten, das erinnert mich zu sehr an die Dreharbeiten mit Marilyn. Das hatte ich einmal, ein zweites Mal mache ich das nicht mehr mit. Ich hoffe, Sie sind mir nicht böse.«

»Ich gehe mit dir spazieren«, sagte Joe.

Die Ankündigung überraschte Larry. »Bist du dazu noch in der Lage?«

»Werden wir ja gleich sehen.« Mühsam kam der Sportler des Jahrhunderts hoch, streckte sich und blickte in die Runde. »Geht schon.«

»Laufen wir einmal um den Block?«, schlug Larry vor. »Damit geben wir Marilyn eine letzte Chance, ihren Geburtstag mit uns zu feiern.« Er zeigte auf die Wanduhr. »Ich muss morgen zwanzig Interviews geben. Spätestens um eins bin ich im Bett.«

Als Sir Laurence und Joe das *Michael's* verlassen wollten, fanden sie die Tür verschlossen.

»Sekunde, ich sperre euch auf.« Der Besitzer kam an die Tür. Auch ihm war anzumerken, dass er liebend gern Feierabend gemacht hätte.

26

Arthur Miller zerstörte die Bewunderung, die ihm Amerika entgegenbrachte, mit eigener Hand. Auf sein kämpferisches Image für die Rechte amerikanischer Schriftsteller fiel ein dunkler Schatten, als er zum Streikbrecher wurde. Er brauchte Geld, doch er gab sich den Anschein, Marilyn künstlerisch helfen zu wollen, als er sich bereit erklärte, ein Drehbuch für sie umzuschreiben. In Wirklichkeit litt Miller unter dem Drang, an allem, was Marilyn tat, teilzuhaben.

Gestand er sich ein, wie eifersüchtig er in Wirklichkeit war? Die Männer auf der ganzen Welt begehrten seine Frau, und sie war nicht unempfänglich für Avancen. Miller gab keinen Pfifferling mehr auf sein eigenes Charisma, das Marilyn zu Beginn so fasziniert hatte, die Ausstrahlung von jemandem, der zu allem eine fundierte Meinung hatte, der so viel wusste, zu dem sie aufschauen konnte. Im Alltag der Ehe verpuffte diese Bewunderung schnell. Millers Humorlosigkeit war berüchtigt, doch jemand, der keinen Humor hatte, war außerstande, es mit Marilyn Monroe auszuhalten. Sie machte gern ihre trockenen Späße, verulkte sich selbst als Sexnudel, nahm dafür aber das Recht in Anspruch, andere zu verulken, besonders ihren Mann, den Intellektuellen.

Miller sah sich seiner Frau hilflos ausgeliefert. Sein brillanter Geist war im Gegenspiel mit ihr nutzlos. Daher entschloss er sich, seine Künstlerschaft in den Dienst Marilyns zu stellen, und machte den schlimmsten aller Fehler.

Norman Krasna war ein angesehener Autor. Er hatte

Drehbücher für Marlene Dietrich geschrieben, war berühmt für seine schlanke Feder, seine gewitzten Dialoge und burlesken Filmsituationen. Krasna arbeitete an einer Komödie mit Musik und Tanz – *Let's Make Love*. George Cukor sollte Regie führen. Als Grundidee der Handlung verliebte sich ein erfolgreicher französischer Geschäftsmann in New York in eine unbekannte Sängerin. Da er sie nicht mit seinem Reichtum erobern wollte, ließ er sich inkognito an dem Theater engagieren, wo sie auftrat. Als Schauspieler führte sich der Millionär linkisch auf und gewann gerade deshalb ihre Liebe.

Marilyn gefiel dieser Komödienstoff, doch damit wurde sie ihrem Schwur, als Nächstes einen ernsten Film zu drehen, schon wieder untreu. Sie tat es auch deshalb, weil Miller gleichzeitig an einer dramatischen Story arbeitete, mit der sie sich als seriöse Schauspielerin präsentieren wollte.

Miller selbst schlug den Hauptdarsteller für *Let's Make Love* vor, seinen Freund Yves Montand. Er ahnte nicht oder zu spät, dass er sich damit einen Rivalen ins eigene Nest geholt hatte. Da der Schauspieler auch singen können musste, war der Chansonnier Montand ein Volltreffer für die Fox. Die Filmgesellschaft brachte Yves Montand zusammen mit seiner ebenso berühmten Frau Simone Signoret im Beverly Hills Hotel unter, direkt neben dem Appartement von Marilyn und Miller. Die kommende Zeit versprach ein inspirierendes Freundschaftstreffen zu werden. Doch es wurde ein Skandal.

Wegen der neu ausgehandelten Fernsehnutzung von Kinofilmen, bei der Darsteller und Drehbuchautoren unberücksichtigt blieben, waren Amerikas Skriptautoren in den Streik getreten. Auch Norman Krasna legte die Arbeit am

Drehbuch zu *Let's Make Love* nieder. Arthur Miller sah seine Chance, als Retter in der Not aufzutreten, er schrieb das Drehbuch fertig und änderte, nicht zum Vorteil für den Film, eine Menge von Krasnas humorvollen Szenen. Miller, der Streikbrecher, kassierte von der Fox einen fetten Scheck, beklagte sich aber trotzdem bei Marilyn und Montand, er habe sich und seine Kunst prostituiert.

Nicht zum ersten Mal war Marilyn von ihrem Mann enttäuscht. Es war nur ein weiterer Stein, der die Lawine des endgültigen Aus ins Rollen brachte.

Marilyn hatte ihr Kind verloren, und Miller gab ihr die Schuld daran. Sie nahm ihm übel, dass er sich zum obersten Richter über eine Tatsache aufspielte, an der sie nichts ändern konnte: Marilyn war eben Marilyn, getrieben von ihrer Schönheit und ihrer fragilen Begabung. Die ganze Welt wollte die faszinierende Monroe sehen, doch dieselbe Welt wollte sich auch an ihren Skandalen weiden. Die Welt hungerte danach, über Marilyns Eskapaden und ihre Unzuverlässigkeit den Kopf zu schütteln. Wen wunderte es also, dass sie der Welt diesen Gefallen tat? Marilyn als Mutter – kaum jemand hatte daran geglaubt, nicht einmal ihr Ehemann. Sie entsprach nur der weltweiten Einschätzung ihrer eigenen Persönlichkeit.

Nach der Fehlgeburt litt Marilyn unter schweren Depressionen, denen Miller mit hilfloser Rationalität begegnete. Sie lief tagelang im selben Nachthemd umher. In ihrem Dämmerzustand störte sie das überlaute Klappern seiner Schreibmaschine. Sie warf ihm vor, er wecke das Baby auf. Marilyn stand vor der leeren Krippe im leeren Kinderzimmer und fragte ihn, wo das Kind hingekommen sei. Sie verdächtigte die Nanny, das Baby gekidnappt zu haben. Miller sagte ihr die Wahrheit: Marilyn hatte das Kindermädchen gefeuert.

Erst kurz vor den Dreharbeiten zu *Let's Make Love* hatte sich Marilyn wieder einigermaßen im Griff.

Es war tollkühn, Yves Montand für die männliche Hauptrolle nach Hollywood zu holen – der Franzose sprach kein Wort Englisch, das über *good morning* und *orange juice* hinausging. Die besondere Freundschaft zwischen Miller und Montand, die der Besetzung vorausging, hätte die Fox misstrauisch machen müssen. Yves Montand war Mitglied der Kommunistischen Partei, was in Europa, anders als in den Vereinigten Staaten, nicht als Kapitalverbrechen angesehen wurde. 1956 war er der erste französische Künstler gewesen, der von der sowjetischen Führung eingeladen wurde, in Moskau Konzerte zu geben. Die Russen feierten Montand mit Begeisterungsstürmen. Er sang nicht nur in Konzertsälen, sondern trat auch in Fabrikhallen auf. Die Sowjetfunktionäre taten alles, um Montand und seine Frau vom Paradies des Arbeiter- und Bauernstaates zu überzeugen, und hätten damit wohl Erfolg gehabt, wäre während der Gastspielreise Montands der Aufstand in Ungarn von der Sowjetarmee nicht blutig niedergeschlagen worden.

Montand kam ins Land des Kapitalismus, er sollte der Star eines Filmes mit Marilyn Monroe sein und sprach kaum ein Wort der Landessprache. Auf der Plusseite konnte die Fox verbuchen, dass Montand in Europa sehr berühmt war. Die Filmgesellschaft rechnete sich aus, dass ein Film mit Monroe und dem Pariser Frauenliebling auf der anderen Seite des Atlantiks ein Hit sein würde. Die tiefere Wahrheit lag jedoch darin, dass Gregory Peck, Cary Grant, Rock Hudson und Charlton Heston die Rolle bereits abgesagt hatten. Jeder von ihnen kannte Marilyns Launen, kaum jemand wollte noch mit ihr arbeiten. Außerdem fürchteten die vier Weltstars, dass Monroe ihnen, wie allen früheren Filmpartnern, die Show stehlen würde.

Sobald sich die Studiobosse die ersten Muster des Filmes ansehen konnten, hörten sie Yves Montand mühelos Englisch sprechen und fragten sich, wo das Problem liege. Sie wussten nicht, dass der musikalische Künstler die Sätze phonetisch auswendig lernte. Er hatte wenig Ahnung, was er sagte, wusste nur im Großen und Ganzen, was er spielen sollte, da er die französische Übersetzung gelesen hatte.

Bei der Arbeit machte er einmal den Scherz, die Fox könnte ihm einen bösen Streich spielen, wenn sie ihm eine falsche Übersetzung unterjubeln würde. Die Millers und die Montands richteten sich auf fröhliche Zeiten in Hollywood ein und verbrachten manchen gemütlichen Abend in ihren Hotelsuiten.

Wenn ein Mann und eine Frau jeden Tag eng an einem Film zusammenarbeiteten, einem Streifen, der *Let's Make Love* heißen sollte, ergaben sich intime Momente zwischen den Hauptdarstellern, für die Yves Montand keine französische Übersetzung brauchte. Öffentlich äußerte er sich stets, dass es eine angenehme Arbeit mit Marilyn sei, und verwies auf die professionelle Beziehung zwischen ihnen.

Menschen, denen er vertraute, offenbarte er eine andere Theorie. »Marilyn hatte Angst vor dem Drehen, und zwar vor jeder einzelnen Einstellung. Das ist weit mehr als Nervosität. Sie hat generell eine Scheißangst, vor der Kamera zu stehen. Da auch ich bei diesem Film Angst hatte, weil ich in einer fremden Sprache drehen musste, rückten wir eben enger zusammen. Marilyn und ich haben einander geholfen, über unsere Angst hinwegzukommen. Viel mehr ist das zwischen uns nicht gewesen.«

Mit dieser liebenswerten Erklärung gab sich die Hollywood-Presse nicht zufrieden und bauschte die Affäre gehörig auf. Die Story ging um die Welt – und ließ sich auch vor Simone Signoret nicht geheim halten, die das gemeinsame Appartement im Hotel verlassen hatte und nach Frankreich zurückgekehrt war. Nach Drehschluss flog Yves Montand nach Paris und wurde von Simone am Flughafen abgeholt. Lächelnd vergab die selbstbewusste Frau ihrem Mann.

27

»Du liebst sie immer noch«, sagte Larry, während er neben dem betrunkenen Joe DiMaggio den Broadway in nördliche Richtung lief. Die Lichter des Times Square blinkten ihnen entgegen.

»Ich habe nie ein Geheimnis daraus gemacht, dass ich sie liebe«, brummte Joe. »Und Marilyn weiß das.«

»Und jetzt seid ihr wieder so etwas wie … ein Paar?«, fragte Larry vorsichtig. »Was meint Marilyn denn dazu?«

»Sie liebt mich auch noch. Das hat eigentlich nie aufgehört zwischen uns.«

»Warum habt ihr euch dann überhaupt getrennt?«

Die Nacht entpuppte sich als ein Desaster für Sir Laurence. Die Interviews, die er für seinen neuen Film in New York geben sollte, waren nur ein Vorwand gewesen, um über den Atlantik zu fliegen. *Term of Trial* war ein ermüdendes Machwerk, ein tristes Melodram über eine angebliche Vergewaltigung, das wahrscheinlich floppen und rasch wieder vergessen sein würde. In Wirklichkeit war Larry wegen *ihr* nach New York gekommen. Selbst nach Jahren sehnte er sich nach Marilyn und hatte es immer noch nicht verwunden, dass sie ihn zurückgewiesen hatte. Niemandem war diese Tatsache peinlicher als Larry selbst. Sein Stolz hätte ihm sagen müssen, dass es infantil sei, wegen des Geburtstags einer Angebeteten viertausend Meilen zurückzulegen.

Und was war dabei herausgekommen? Sie war nicht erschienen, und ob sie überhaupt noch kam, stand in den Sternen. Stattdessen trottete der größte britische Schauspieler neben dem sturzbetrunkenen größten amerikanischen Sportler einher, der sich von Zeit zu Zeit schwankend an einer Hausmauer abstützte. Und zu allem Überdruss gab er nun bekannt, dass es zwischen ihm und Marilyn wieder gefunkt hatte. Larry kam sich idiotischer vor als der dümmste verschmähte Hahnrei.

Mit gesenktem Kopf lief er ein paar Schritte voraus. Wie konnte ein Mann in mittleren Jahren so sehnsüchtig nach der Liebe einer Frau sein, die er gehasst hatte? Weil Sehnsucht und Verdammnis nahe beieinanderlagen. Einerseits wollte man den gehassten Menschen von sich stoßen, man wünschte sich selbst an den entferntesten Ort der Erde, um diesem Menschen nicht zu begegnen – weil man ihn in Wahrheit mit Liebe überfluten, ihn einatmen, durchpulsen, wärmen und nie mehr loslassen wollte. So war das mit der Sehnsucht und der Abscheu.

»Wenn es um Frauen geht, ist man nie zu alt, um sich zu demütigen«, flüsterte Larry.

»Was sagst du?«, wollte Joe hinter ihm wissen.

»Ach, nichts.« Larry bot ihm seinen Arm. »Hinter dem Times Square biegen wir links ab und laufen über die Eighth Avenue wieder zurück.«

Joe hatte das Thema noch nicht endgültig abgeschlossen. »Unsere Scheidung war ohnehin ein Witz. Marilyn und ich haben seither so oft miteinander geschlafen, ich weiß nicht, wie oft.« Die frische Luft tat ihre Wirkung, er verfiel zusehends. »Es ist nicht vorbei, o nein.« Joe klopfte Larry gegen die Brust. »Ich sage dir, Sir Laurence: Es ist noch nicht vorbei!«, rief er, den Kopf zum Himmel erhoben.

»Ich stehe vor dir«, lächelte Larry. »Warum schreist du so?«

»Weil es jeder hören soll. Auch die Sterne!«

»Du weckst höchstens die Leute auf.«

Joe schlurfte weiter.

Larry blieb nichts übrig, als ihm zu folgen. »Wirst du Marilyn noch einmal einen Antrag machen?«, fragte er, da er es nicht lassen konnte, in seiner Wunde zu bohren.

»Das ist so sicher wie das Amen in der Kirche.«

»Glaubst du, sie spielt mit?«

Erstaunt musterte der Sportler den Schauspieler. »Man muss bei Marilyn nur hartnäckig genug sein, dann klappt das schon. Wusstest du das nicht?«

»Was denn?«, fragte Larry wie ein Pennäler, der Tipps kriegen wollte, um ein Mädchen zu verführen.

»Von Marilyn kann man absolut alles kriegen, wenn man die Ausdauer besitzt, es immer weiter zu fordern.«

»Alles?«

»Alles. Aber man darf sie nicht hetzen. Darauf ist sie allergisch. Wenn man ihre Regeln einhält, stehen dir alle Tore offen.« Ein seliger Glanz breitete sich auf dem Gesicht des Betrunkenen aus.

Ich habe sie die ganze Zeit gehetzt, dachte Larry, weil ein Regisseur nun mal die Aufgabe hat, einen Film innerhalb eines vorgegebenen Zeitrahmens fertigzustellen. Er schüttelte den Kopf: Das war wohl eher die armselige Entschuldigung eines Buchhalters, nicht eines Künstlers und erst recht keines Liebenden. Ich hätte ihr mehr Zeit geben müssen, dachte er. Vielleicht wäre dann mehr möglich gewesen, viel mehr.

John Huston, der mit Marilyn ihren bisher letzten Film gedreht hatte, gab den Schauspielern Zeit, erzählte man sich. Huston war eigentlich gar kein Regisseur, wie Larry den Beruf verstand. Er ließ die Schauspieler einfach machen. Die einzige Entscheidung, die er traf, lag in der Besetzung. Damit war alles bereits vor Drehbeginn entschieden. Guten Schauspielern brauchte man nicht mehr zu sagen als »Mach ein bisschen mehr« oder »Nicht so dick auftragen«. Huston wusste das. Larry hatte es nicht gewusst und Marilyn formen wollen. Was für ein katastrophaler Irrtum!

Er sah auf die Uhr. »Halb eins. Dass wir Marilyn *hetzen*, kann man nun wirklich nicht behaupten.« Er lachte bitter.

»Sie kommt noch, da kannst du Gift drauf nehmen«, antwortete Joe, während sie den Times Square überquerten. Die Leuchtreklamen über den Theatern waren längst erloschen, trotzdem glitzerte die Kreuzung zwischen Seventh Avenue und Broadway von tausenden Lichtern.

»Ich habe mich mal mit Arthur Miller unterhalten«, fuhr Larry fort.

»Ach ja? Alle sagten immer: ›Miller ist dir überlegen, Joe‹«, erwiderte der Sportler, eingesponnen in seine Gedankenwelt. »Sie sagten: ›Marilyn wollte immer schon so einen Superschlauen haben, deshalb hat sie sich Miller geangelt.‹« Joe stolperte, fing sich aber gleich wieder. »Klar bin ich nicht superschlau, aber Marilyn auch nicht. Ich hätte ihr voraussagen können, wie das mit einem Intellektuellen laufen wird.«

»Was meinst du?«

»Na, dass sie mit dem nie glücklich werden wird.«

»So etwas kann man schwer voraussagen«, seufzte Larry. »Jeder hat gedacht, dass Vivien und ich ein Traumpaar sind. Aber eine Ehe wie unsere wünsche ich niemandem. Ich hätte nie geglaubt, wie glücklich ich danach mit Joan geworden bin. Leider habe ich mein halbes Leben vertrödelt, bevor ich sie kennenlernte.«

»Worüber hast du mit Miller gesprochen?«, fragte Joe.

»Das war während meiner Dreharbeiten mit Marilyn. Die beiden waren damals frisch verheiratet. Wenn sie nicht drehte, wich Marilyn nicht von seiner Seite.«

Joe blieb stehen, stützte die Hände auf die Knie und keuchte. »Ich glaube, ich muss mich übergeben.«

Larry trat einen Schritt zurück. »Du wirst dich beherrschen.«

»Die verdammte Latscherei – ich kann nicht mehr. Keinen Schritt mache ich weiter.« Auf dem Gehweg sank Joe zu Boden und lehnte sich an einen Hydranten.

»Die paar Straßen schaffst du noch. Na komm.« Larry wollte ihm aufhelfen.

»Keine zehn Büffel kriegen mich dazu, weiterzugehen. Ruf uns ein Taxi.«

Hilflos sah sich Larry auf der menschenleeren Straße um. »Um diese Zeit?«

Statt eines Yellow Cab hielt ein schwarzer Wagen neben ihnen. Ein Mann in schwarzer Uniform stieg aus. »Was gibt's für Schwierigkeiten, Gentlemen?«, fragte der New Yorker Streifenpolizist.

»Alles in Ordnung, Officer«, beeilte sich Larry zu antworten und zog an Joes Arm, um ihn vom Pflaster hochzukriegen.

»Hat dieser Mann Ihnen etwas getan?«, fragte der Polizist den Sitzenden.

»Ob ich ihm etwas getan habe? Machen Sie Witze?« Larry beherrschte sein Temperament lieber; mit amerikanischen Cops war nicht zu spaßen.

»Treten Sie zurück, Sir.« Der Beamte legte die Hand an seine Dienstwaffe. »Zurücktreten, aber sofort.«

»Das ist mein Freund«, versuchte Larry zu erklären. »Er hat ein bisschen über den Durst getrunken und …«

»Zurücktreten.« Der Officer wartete, bis Sir Laurence Folge leistete. »Ist das wirklich Ihr Freund, Sir?«, fragte er Joe. »Hatten Sie Streit mit ihm?«

»Das …« Joe hob den müden Blick. »Das ist nicht mein Freund. Das ist 'n Engländer.«

»Was redest du denn da?«, fuhr Larry ihn an.

»Engländer?« Der Polizist zog eine Taschenlampe aus dem Gürtel und leuchtete Larry ins Gesicht. »Ihre Papiere, Sir.«

»Aber ich bitte Sie …«

»Zeigen Sie mir Ihre Papiere.«

Olivier tastete an die Jackentaschen. »Ich glaube, ich habe sie … Ich habe sie in meinem Mantel gelassen.«

»Warum haben Sie Ihren Mantel nicht an, Sir? Wir haben Ende Mai. So warm ist es nicht.«

»Mein … Bekannter und ich sind ein paar Blocks spazieren gegangen«, verteidigte sich Larry. »Ich dachte, ich brauche den Mantel nicht.«

»Juni«, knurrte Joe auf dem Boden.

»Was meinen Sie?« Der Taschenlampenkegel wanderte nach unten.

»Es ist nach Mitternacht. Also haben wir Juni«, erklärte Joe.

»Sagen Sie mal …« Der Polizist trat näher. »Ja, spinne ich denn?«

»Wieso spinnen Sie?«, fragte Joe freundlich.

»Sind Sie's oder sind Sie's nicht?« Das Verhalten des Be-

amten änderte sich von einer Sekunde auf die andere. »Joe –
Mr DiMaggio – sind Sie das wirklich?«

»Kann schon sein«, kicherte er.

»Hey, Ed, Ed!«, rief der Beamte zum Wagen hin. »Steig
mal aus. Was glaubst du, wer da vor mir auf der Straße
hockt.«

»Wer?«, rief Ed vom Auto aus.

Joe musste beiden Polizisten ein Autogramm geben.
Mangels sonstiger Papiere kritzelte er seinen Namen auf
das Formular, mit dem die Polizei sonst Parksünder auf-
schrieb. Die Identität von Sir Laurence wurde von Joe bestätigt und war damit behördlich unantastbar.

»Geht es Ihnen nicht gut, Mr DiMaggio?«, fragte Ed.
»Können wir Sie irgendwohin bringen?«

»Das wäre nett.« Er ließ sich von den Officers aufhelfen.
»Wir wollen zu diesem Lokal – Ich weiß nicht mehr, wie
es heißt.«

»Es ist das *Michael's* in der Siebenunddreißigsten«, sprang
Larry ein.

Ed öffnete die hintere Wagentür. »Immer hereinspaziert,
Mr DiMaggio!«

Joe zögerte. »Wenn ich da einsteige, bin ich dann verhaf-
tet?«

Die Polizisten lachten herzlich. Larry umkreiste das Auto und stieg ebenfalls ein.

Unterwegs sagte Joe: »Wolltest du mir nicht was erzählen – über Arthur Miller?«

»Nicht so wichtig.« Larry senkte die Stimme.

»Aber das interessiert mich.«

»Ich erzähle es dir, wenn wir da sind.«

Der Polizeiwagen hielt.

»Sind wir schon da?« Larry schaute hinaus. Vor ihm erhob sich die Fassade des Shubert-Theaters.

»Einen Moment nur«, antwortete Ed, während sein Kollege ausstieg. »Da drüben gibt es anständigen Kaffee.«

Der andere Officer steckte den Kopf zum Fenster herein. »Wollen Sie auch einen Kaffee, Mr DiMaggio?«

»Ein Scotch wäre mir lieber.« Seit er als New Yorker Weltwunder erkannt worden war, hatte sich Joes Stimmung aufgeheitert.

»Ich glaube, Sie hatten genug für heute«, lächelte der Polizist. »Ich bringe Ihnen einen Kaffee.« Er wollte die Straße überqueren.

»Für mich mit Milch und Zucker«, rief Larry, obwohl keiner ihn gefragt hatte.

»Kommt sofort.« Der Polizist verschwand in dem Straßenladen.

Ein Funkspruch kam herein, und Ed antwortete darauf.

»Jetzt kannst du's mir erzählen«, nahm Joe den Faden wieder auf.

Larry staunte über die Hartnäckigkeit des anderen. »Ich wollte eigentlich nur sagen, dass die Schwierigkeiten zwischen Marilyn und Miller nicht erst nach der Fehlgeburt begonnen haben.«

»Das versteht sich: *Schwierigkeiten* ist Marilyns zweiter Vorname. Was ist passiert?«

»Miller und ich saßen in meinem leeren Studio und haben uns betrunken. Marilyn war an diesem Tag gar nicht zum Dreh erschienen. Paula hatte mir knapp mitgeteilt, dass die Künstlerin erst wiederkomme, wenn sie ihre Rolle verstehe. Darauf habe ich die Crew heimgeschickt. Warum sollten sie Stunden mit Warten zubringen? Nur Miller war geblieben.«

»Warum?«

»Weil er Bammel hatte, zu Marilyn hinaus nach Parkside zu fahren. Ich glaube, er fürchtete ihre unberechenbaren Zustände wie keiner sonst.«

»Das kenne ich«, brummte Joe. »Das kenne ich alles.«

»Wir saßen da und haben uns volllaufen lassen. Miller erzählte, dass er die Nacht zuvor von einem unerklärlichen Gesang geweckt worden war. Zuerst dachte er, es sei ein Traum. Dann glaubte er, Marilyn habe zu singen begonnen. Aber es war weder das eine noch das andere.« In Erinnerung musste Larry lachen.

»Was war es?«

»Ein Knabenchor hatte sich vor Marilyns Fenster versammelt und ihr ein Ständchen gebracht.« Larry betrachtete die Theaterfassade. »Das Brimborium um die Sexbombe aus Amerika glich einem Zirkus, einer regelrechten Monstrositätenschau. Miller hat mir in dieser Nacht ein Geständnis gemacht.«

Stille. Ein leichter Wind, eine herrenlose Zeitung flog durch die Luft.

»Er konnte nicht mehr arbeiten neben seiner Frau. Er konnte nicht denken in ihrer Nähe. Er hätte mir leidtun sollen, aber ich war mit meinen eigenen Marilyn-Problemen beschäftigt. Bald darauf kam es zu einem Streit zwischen ihnen. Marilyn hatte in Millers Notizheft Dinge über ihre Ehe gelesen: dass er sich eingesperrt fühle, in der Falle sitze, all so was. Natürlich hat er behauptet, das seien bloß Ideen für seine Arbeit, aber das hat sie ihm nicht abgenommen. Die Lüge war zu offensichtlich. Miller ist abgereist.

Die Situation bei den Dreharbeiten wurde noch schlimmer. Marilyn ertrug es nicht …«

»Sie erträgt es nicht, allein zu sein«, vollendete Joe den Satz. Beide nickten, wie zwei Patienten, die die gleiche Krankheit plagte.

»Miller wollte in New York seine Kinder sehen. Ich habe versucht, ihn zu halten. Er sagte: ›Ich kann Marilyn nicht helfen. Niemand kann das. Sie verschlingt mich.‹«

»Frisch und heiß!«, rief eine fröhliche Stimme von draußen.

Larry ließ das Fenster herunter. Zwei Becher Kaffee wurden hereingereicht.

»Ich hatte Sie um Milch und Zucker gebeten.« Betrübt starrte Larry in seinen pechschwarzen Kaffee.

»Wirklich? Tut mir leid. Na, geht es schon besser, Mr Di-Maggio?«

Auch Ed, der Fahrer, drehte sich zu Joe um. »Jetzt liefern wir Sie pronto in diesem Restaurant ab«, kündigte er an.

Der Polizeiwagen fuhr an und bog um die Kurve. Joe nippte vorsichtig an dem Becher. Larry kippte seinen auf die Straße.

28

Marilyn stand in der Wohnungstür. Obwohl um diese Uhrzeit wenig zu befürchten war, hatte Paula sie auf die gewohnte Weise verkleidet. Ein Regenmantel über dem Glitzerkleid, das weiße Kopftuch verdeckte die platinblonde Mähne, die Sonnenbrille erledigte den Rest. Meistens konnte sie sich so geschützt zwischen den Menschen bewegen, ohne gleich erkannt zu werden.

Paula war vorausgegangen, um den Lift zu holen. »Kommst du?« Sie hielt die Fahrstuhltür offen.

»Ja, sofort.«

Marilyn konnte noch nicht gehen. Irgendetwas sagte ihr, dass sie diese Situation schon einmal erlebt hatte. Was war daran so besonders, aus einer Tür zu treten – vielleicht, um dem Leben zu begegnen? Nein, nicht dem Leben. Sie begann plötzlich zu weinen. Marilyn hob die Sonnenbrille und wischte die Tränen ab. Falls sie weiter weinte, würde sie zurückgehen und ihr Make-up erneuern müssen. Warum war sie so traurig, so glücklich und traurig zugleich? Aus einer Tür treten, dachte sie – um einem Traum zu begegnen. Ja, das war es!

»Das ist aber nett«, sagte eine Stimme, die sie schon als kleines Mädchen gekannt hatte.

»Was ist nett?«, fragte Marilyn.

»Dass wir endlich etwas miteinander zu tun kriegen.«

Kurz und unpersönlich waren sie einander beim ersten Mal begegnet. Wenn zwei Stars auf einen Set geführt wurden, trachteten die jeweiligen Teams, den Star abzuschirmen. Paula Strasberg, Marilyns Agent, ihr Maskenbildner und die Kostümbildnerin schirmten Miss Monroe ab. Mit dem männlichen Hauptdarsteller verfuhr man genauso. Beide wurden in ihre Trailer gebracht, man fragte, ob sie zu essen, zu trinken wünschten, und gab ihnen den Drehplan bekannt. Danach ließ man sie allein, damit sie sich vorbereiten konnten. Marilyn blieb allerdings nie allein, denn Paula wich nicht von ihrer Seite.

The Misfits wurde in der Wüste Nevadas gedreht. Der Film sollte ein moderner Western sein und war doch etwas völlig anderes, weil er aus der Feder von Arthur Miller stammte. John Huston hatte lange gezögert, dem Projekt zuzustimmen; er spürte, dass das Drehbuch ein Zwitter war, zu *sophisticated* für einen Western und zu bildgewaltig für ein Gesellschaftsdrama. Dialog und Bilder passten nicht zusammen, weshalb Huston den Autor zwang, das Skript mehrfach umzuarbeiten.

Nun war es endlich so weit. Die erste Szene sollte gedreht werden. In einem Haus mitten im Nirgendwo. Es war ein unfertiges Haus, eine halbe Baustelle. Hier begegnete Marilyn *ihm* zum ersten Mal wirklich. Kein Backfisch konnte ärgeres Herzklopfen haben als sie.

Marilyn trat aus der Tür des Hauses. Eine Tür wäre nicht nötig gewesen, da die Wände noch nicht standen. Auch die Stufen zu dem Haus fehlten.

Er erwartete sie draußen. Sie starrte ihn an und dachte: Das ist der König des Kinos. Keiner wird je größer sein als er. Das ist der Meister.

Er sah Marilyn an. Was musste er von ihr denken? Dass sie ein Niemand war, eine Blondine, etwas fülliger als früher, eine stark geschminkte Blondine, die das Ende ihrer Karriere kommen sah? Sie starrten einander an wie Schlange und Kaninchen.

Beide vergaßen, dass John Huston längst »Action« gerufen hatte. Die Kamera lief, die Mikrofonangel wurde hoch über sie beide gehalten, der Tonmann bekam allmählich einen lahmen Arm. Aber weder Marilyn noch Clark Gable sagten ein Wort.

Clark Gable war ihr Gott. Immer schon hatte sie ihn verehrt und alle seine Filme gesehen. Es kam Marilyn unwirklich vor, dass sie mit diesem Titan spielen durfte. Sie hatte ihre Textzeile vergessen. Nein, sie wollte ihre Textzeile noch nicht sagen, solange sie nur in der Tür stehen und ihn ansehen konnte.

Clark Gable hatte in den dreißiger Jahren alles gedreht, was gut und teuer war. Acht Filme mit Joan Crawford, sieben mit Myrna Loy, zwei mit Jean Harlow. 1935 erhielt er den Hauptdarsteller-Oscar für Frank Capras *Es geschah in einer Nacht*. Im Jahr darauf war er für *Meuterei auf der Bounty* abermals nominiert. 1939 übernahm er die Rolle, mit der er für alle Zeit identifiziert werden sollte: Rhett Butler in *Vom Winde verweht*. Er und Vivien Leigh verkörperten das erstaunlichste Liebespaar der Filmgeschichte, das sich während des fast vierstündigen Epos vorwiegend hasste. Gable war die Sonne, Vivien Leigh die Venus, zwei Gestirne, die nicht zueinanderkommen konnten, ohne zu verbrennen. Es war und blieb der erfolgreichste Film aller Zeiten.

Bei den Außenaufnahmen zum Brand der Stadt Atlanta ließ der Produzent David O. Selznick den unbenützten Set von *King Kong* anzünden, der seit 1933 auf dem Studioareal verrottete. Man drehte die Feuersbrunst mit sieben Kameras. Die Silhouette von Vivien Leigh, die den

Brand ansah, wurde von einem Double verkörpert. Clark Gable bestand darauf, trotz des Funkenflugs und der sich wild gebärdenden Pferde, jeden Take persönlich zu spielen.

Diese Forderung stellte er auch für *The Misfits*. Gable war neunundfünfzig Jahre alt und durch seinen Alkoholkonsum nicht auf der Höhe. Aber er war sein Leben lang ein Heros gewesen, und ein Held blieb ein Held bis zu seinem Tod. Schweren Herzens überzeugte John Huston die Versicherungsgesellschaft, dass sie das Risiko mittragen musste. Aber noch war es nicht so weit. Vor dem gefährlichen Stunt war es Gables Aufgabe, Marilyn zu lieben.

Huston wurde das bedeutungsschwangere Schweigen seiner Stars zu viel. »Könntet ihr mal aufhören, euch anzustarren und die Szene spielen?«, rief er hinter der Kamera.

Er riss Marilyn in die Wirklichkeit zurück. Sie atmete tief durch und sagte den ersten Satz: »Wenn hier eine Stufe wäre, könnte ich jederzeit aus dem Haus hinaus- und wieder hineingehen.«

Gable verstand den Wink, lief zu den Hohlziegeln, die im Sand lagen, und platzierte sie an der richtigen Stelle. Nun hatte das Haus eine Stufe. Im weißen Bademantel flitzte Marilyn ins Freie, drehte um und sprang wieder hinein. Das machte sie mehrmals, während Gable sie lächelnd beobachtete.

»Ich laufe hinein und wieder hinaus«, rief sie. »Ich gehe über die Stufe hinauf, und ich gehe über die Stufe wieder hinunter.«

»Du bist das verrückteste Mädchen, das mir je untergekommen ist«, sagte Gable, nahm sie in die Arme und küsste sie.

Clark Gable küsste Marilyn Monroe. Vielleicht war es der schönste Tag in ihrem Leben.

***

Marilyn spürte eine Hand auf ihrer Schulter.

Paula war an sie herangetreten. »Komm jetzt, Marilyn. Wir haben sie lange genug warten lassen.«

»Weißt du noch, Paula, als Gable mich geküsst hat?« Langsam ließ sie sich zum Fahrstuhl führen. Sie stiegen ein, die Tür schloss sich.

Paula drückte den Knopf ins Erdgeschoss. »Nein, du hast ihn geküsst«, widersprach sie. »Jeder hat in dieser Szene nur auf dich geschaut.«

»Ach, Unsinn.« Marilyn betrachtete die Leuchtanzeige des Aufzugs. »Alle haben nur Gable angesehen.«

»Das hätte Mr Huston gar nicht zugelassen.«

Erstaunt wandte Marilyn sich um. »Was meinst du damit?«

»Huston hat sich streng ans Drehbuch gehalten. Und dieses Skript war eine einzige Liebeserklärung.«

»An wen?«

»An dich natürlich.«

Verständnislos schüttelte Marilyn den Kopf. »An mich?«

»Hast du es nicht begriffen? Arthur Miller hat keinen Western geschrieben, auch kein Psychodrama und erst recht kein Stück über die amerikanische Gesellschaft, wie es in den Kritiken heißt.«

»Was hat er denn geschrieben?«

»Einen Blumenstrauß der Liebe – für dich.«

»Das kann nicht sein«, entgegnete sie betroffen. »Arthur hat mich zuletzt gehasst.«

»Auch das tat er aus Liebe und weil du ihn so schlecht behandelt hast.«

»Wirklich?«, fragte Marilyn, von ihrem ewigen Schuldbewusstsein gepackt.

»Du bist auf dem Set mit ihm umgesprungen wie mit einem Sklaven. Als wäre er dein Lohnschreiber.«

Marilyn hielt die Hände an die Ohren. »Du darfst mir nicht solche Dinge sagen, Paula! Sag so etwas nicht, sonst kann ich unmöglich auf eine Party gehen.«

»Was du getan hast, war richtig«, besänftigte Paula. »Eure Ehe war vorbei. Du hast es nur früher bemerkt als er.«

»Arthur hat mir die Sache mit dem Kind nie verziehen.«

»Bei einer Fehlgeburt gibt es nichts zu *verzeihen*. Trotz seiner Traurigkeit hat er dieses Drehbuch für dich geschrieben. Aus Liebe.«

»Du redest immer von Liebe, Paula. Die Figur, die ich in *Misfits* gespielt habe, war eine durch und durch unglückliche Frau.«

»Aber sie wird von allen geliebt. Das ist Millers Geschenk an dich.« Paula zog Marilyns Hände nach unten.

»Glaubst du wirklich?«

»Jeder Mann in diesem Film hat in seinem Text stehen, dass er dich liebt. Weil du so wunderbar, so einzigartig bist. Gable musste sagen, dass die Sonne aufgeht, wenn er dich sieht. Eli Wallach sagte, du bist die Frau, auf die er immer gewartet hat, und Montgomery Clift wollte seine Einsamkeit mit dir teilen. Ist das nicht Beweis genug? Für keine andere Schauspielerin hätte man diese Rolle schreiben können. Miller wusste das.«

»Habe ich ihn enttäuscht?«, fragte Marilyn, während der Aufzug abwärtsfuhr. »Habe ich sie alle enttäuscht?«

»Du kannst niemanden enttäuschen.«

Sie löste sich von Paula. »Doch. Ich bin ein Mensch, der nur Unglück bringt.«

»Du machst uns glücklich, Marilyn. Hast du es in den Augen deiner Partner nicht gesehen? Sogar Montgomery Clift hat sich in dich verliebt, und der ist nun wirklich schwuler als schwul.«

»Ach, Monty«, seufzte Marilyn. »Ich glaube, Monty ist der einzige Mensch, dem es noch schlechter geht als mir.«

»Dir geht es nicht schlecht. Du bist eine Künstlerin, die verstanden hat, dass der wahre Weg des Künstlers durch den Schmerz geht.« Paula stellte Marilyns Mantelkragen auf. »Aber jetzt wollen wir nichts mehr hören von Schmerz, sondern von Freude. Wir gehen auf deine Geburtstagsparty und haben eine wunderbare Zeit. Übrigens: *Happy Birthday*«, setzte sie lächelnd hinzu.

»Wieso?«

»Es ist der erste Juni, ein Uhr nachts. Dein Geburtstag.«

***

Es war gegen Ende der Dreharbeiten zu dem Film *The Misfits*. John Huston war zufrieden mit den Ergebnissen, die er mit Marilyn Monroe, Clark Gable, Montgomery Clift und Eli Wallach erzielte. Aus Sicherheitsgründen hatte Huston die schwerste Szene für Gable zum Ende der Dreharbeiten angesetzt. Sollte dabei etwas passieren, hatten sie den Großteil des Filmes bereits im Kasten. Das ganze Team inklusive der Versicherungsgesellschaft hatte ein mulmiges Gefühl bei der Sache.

In der Nacht vor dem Dreh fand eine Art privates Rodeo

statt, das die üblichen Rodeos, die in der Stadt Reno abgehalten wurden, in den Schatten stellte. Es ging um eine Wette. John Huston behauptete, ein Kamel könne schneller rennen als ein Pferd. Die meisten aus dem Team hielten Huston für verrückt und setzten auf das Pferd. Mitten in der Nacht kamen sie zusammen, um dem Ereignis beizuwohnen, auch Marilyn. Doch ihr ging es nicht um das Kamelrennen, sondern um Clark Gable.

»Warum muss er das morgen machen?«, fragte sie besorgt.

»Er muss ja nicht.« Huston hatte schon eine Menge getrunken, aber man sah es ihm nicht an.

»Das ist viel zu gefährlich.« In Jeans und Bluse stand sie an ein Gatter gelehnt, das sich am Stadtrand von Reno befand. Hinter dem Gatter war das Kamel angebunden. Darauf saß bestens gelaunt der Regisseur. Das Rennen sollte in wenigen Minuten beginnen.

»Clark ist nicht der Jüngste«, widersprach sie. »Du hast Dutzende Cowboys für den Film engagiert, die dir die Pferde zusammentreiben, damit du sie richtig vor die Kamera kriegst. Wieso kann nicht einer von denen Mr Gable doubeln?«

»Du hast immer noch nicht verstanden, wer Clark Gable in Wirklichkeit ist«, antwortete Huston mit gütigem Lächeln.

»Wer er ist? Der König des Kinos?«

»Das auch. Aber vor allem ist er derjenige, der am Ende immer gewinnt. So ist sein ganzes Leben verlaufen. Was er auch angefasst hat, Gable hatte mit allem Glück. Er ist der berühmteste Star aller Zeiten, er ist stinkreich, er war jedes Mal glücklich verheiratet. Er ist ein Sieger durch und durch.«

Marilyn zog sich am Gatter hoch. »Das stimmt nicht. Die größte Liebe seines Lebens ist gestorben.«

»Ein guter Punkt.« Huston schob den Hut aus der Stirn. »Aber seine geliebte Frau Carole Lombard ist keines gewöhnlichen Todes gestorben. Sie hatte nicht Krebs oder einen Schlaganfall. Sie ist durch die Luft davongeflogen und nicht wiedergekommen.«

»Sie ist mit dem Flugzeug abgestürzt«, entgegnete Marilyn.

»Könnte es jemals ein größeres Liebesdrama geben?«, lachte er. »Das Größte ist für Gable immer gerade gut genug. Deshalb muss er morgen selbst die Szene drehen, da hilft ihm kein Herrgott.«

»Ich weiß nicht, ob ich mir das ansehen kann.« Sie ließ das Gatter los.

»Das musst du sogar, meine Liebe, denn du wirst bei den Einstellungen mit im Bild sein.« Huston packte die Zügel des Kamels mit beiden Händen. »Und jetzt entschuldige mich, ich habe eine Wette zu gewinnen.«

Marilyn wurde wütend. »Wenn Gable sich schon den Hals brechen will, warum musst du heute auch so einen Unsinn machen?«, fuhr sie ihn an.

»Weil auch ich ein Held bin«, zwinkerte Huston. »Und außerdem sturzbetrunken.«

»Man sieht es dir nicht an.«

»Das ist die hohe Kunst des Betrunkenseins. Ein wirklich Besoffener schafft es, völlig nüchtern auszusehen.«

Eine Stimme unterbrach die beiden. Das illegale Rennen wurde angekündigt. Am Mikrofon stand Montgomery Clift. Neben Huston und seinem Kamel wurde ein Pferd in die Rennbahn geführt. Der Reiter war ein Cowboy, der für Huston arbeitete.

»Überleg es dir noch einmal, John«, sagte er. »Auf dem ollen Kamel hast du keine Chance.«

»Ja, bitte überleg es dir«, stimmte Marilyn bei. »Du weißt nicht, was so ein Kamel tun wird.«

»Es wird gewinnen.« Huston streichelte die Mähne seines Reittieres. »Na los, bringen wir es hinter uns.«

Das Startsignal erklang. Huston und der Cowboy gaben den Tieren die Sporen und ritten los. Eine Weile sah es aus, als ob die Stute das Wüstentier mühelos abhängen würde. Aber nach der halben Strecke holte Huston auf. Das Stöckchen, mit dem er das Tier antreiben sollte, benutzte er nur ein einziges Mal. Rasend schnell tappten die Füße des Kamels durch den Sand, zuerst im Trab, schließlich galoppierte es mit unerwarteter Geschwindigkeit. Auf geheimnisvolle Weise hatte Huston den Ehrgeiz des Tieres geweckt.

John Huston gewann um Haupteslänge, kassierte das Siegergeld und lud alle zu einem Besäufnis ein. Ob der gegnerische Cowboy ihn absichtlich hatte gewinnen lassen, konnte nicht festgestellt werden.

Um die Nachmittagszeit des nächsten Tages machte sich die Crew für den großen Dreh bereit. Clark Gable wirkte ruhig. Er ließ sich vom Pferdetrainer noch einmal erklären, wie er sich verhalten sollte. Es gab zwei identisch aussehende Pferde für die Szene, ein dressiertes Tier, das auf bestimmte Reize gewisse Dinge tun würde. Dieses Pferd vermochte Gable am Ende zu bezwingen. Mensch gegen Kreatur, so sah es das Drehbuch vor. In Millers Version gewann der Mensch und verlor zugleich: Das Einfangen der Mustangs in den Wüstenbergen war eine Metapher dafür, dass der aussterbende Mustang dem Menschen nur vorausging.

Das zweite Tier war ein wildes Pferd. Selbst einem erfahrenen Cowboy würde es nicht gelingen, dieses Pferd in die Knie zu zwingen. Hier lag die Gefahr: Es war schwer vorauszusehen, wie sich das Tier während der Szene verhalten würde. Zwei Schützen standen mit Gewehren bereit. Mit dem einen konnte man den Mustang betäuben. Falls das nicht genügte und Gable in Gefahr geriet, sollte der andere Cowboy das Pferd erschießen. Der ungezähmte Hengst sollte Gable, der ihn an einem Seil festhielt, liegend durch den Wüstensand zerren.

Es begann mit einer Totalen.

Die Wüste. Sand und Hügel, das Nichts. Die Szene spielte in der Nacht. Huston ließ die übliche Aufhellung setzen; Gable bekam das Schlaglicht von rechts oben, als schiene der Mond auf ihn herab. Laut Drehbuch war in der Szene davor eine Stute angeschossen worden. Sie lag verwundet im Sand. Der Leithengst der Herde kam herangaloppiert, um nach ihr zu sehen. Zuvor war es Gable gelungen, dem Hengst ein Lasso überzuwerfen. Die Schlinge lag um seinen Hals, das Seil schleifte nach.

Gable machte ein paar Schritte. Der Hengst bemerkte ihn und kam mit drohendem Wiehern auf ihn zu. Als Gable sich weiter näherte, ergriff der Leithengst die Flucht. Während er an Gable vorbeigaloppierte, packte der das Seil und ließ sich hinter dem fliehenden Pferd in den Sand fallen.

»Cut.« Huston stoppte und bereitete die nächste Einstellung vor.

Ein Arzt, der Pferdetrainer, der Maskenbildner und Marilyn rannten auf Gable zu. Wie aus einer Kehle riefen sie, ob er in Ordnung sei.

»Aber klar. Was wollt ihr denn alle hier?« Gable grinste sein berühmtes Lächeln.

»Das sah schrecklich aus, Clark, wie der Hengst dich umgeworfen hat.« Marilyn umarmte den von oben bis unten mit Staub bedeckten Star.

»Er hat mich nicht umgeworfen.« Gable streichelte ihr Haar. »Ich habe mich selbst in den Sand geschmissen.«

»Er hat dich mitgeschleift. Hast du dir nicht weh getan?«

»Ach, Marilyn, zu diesem Zweck habe ich doch die Lederklamotten an. Unter meinem Hemd, siehst du, haben mir die Jungs einen zusätzlichen Panzer gegeben. Der reicht hinunter bis zu den wirklich wichtigen Teilen.« Er öffnete ein paar Knöpfe und zeigte es ihr. »Ich spüre fast gar nichts.«

Der Arzt untersuchte Gables Augen, ob Sand hineingekommen war.

»Du bist verletzt, da an der Stirn«, rief Marilyn.

»Nein, das ist mein Werk.« Der Maskenbildner kniete neben Gable und erneuerte das Kunstblut.

Huston näherte sich. »Wie sieht es aus, Clark? Bist du wieder so weit?«

»Ich bin immer so weit, Johnny«, lachte Gable. »Nur eine Bitte hätte ich.«

»Jede.«

»Könnt ihr mal Jack zu mir rüberbringen?«, antwortete Gable kryptisch.

»Welchen Jack?«

»Den Jack von Daniels«, lachte Gable. »Wenn ich 'nen kleinen Schluck kriegen könnte, fällt mir die Tortur bestimmt noch mal so leicht.«

Man brauchte nicht weit zu laufen, um an Whisky zu kommen. Huston goss persönlich ein, Gable leerte das Glas.

»Kamera!«

»Läuft.«

Gable legte sich auf den Boden und ergriff das Ende des Seiles. Diesmal zerrte ihn nicht der Mustang durch den Sand, sondern ein Jeep. Auf einem zweiten Wagen stand die Kamera, sie hatte Gable groß im Bild, während das Auto dicht neben ihm herfuhr. Später würde Huston die Szene mit dem rasenden Mustang gegenschneiden, damit der Eindruck entstand, Gable klammere sich an dem Pferd fest.

In der darauffolgenden Einstellung mit dem Mustang versuchte Gable, das Pferd laufend und stolpernd zu bändigen. Er wurde stehend mitgeschleift und setzte seine Stiefel als Widerstand ein. Stück für Stück näherte er sich dem Hengst und brachte ihn dazu, sich zu drehen, wodurch sich das Seil zwischen dessen Beinen verhedderte. Das Wildpferd konnte nicht mehr rennen. Es schlug aus, rannte auf Gable zu, der wich zurück, stürzte, das Pferd bäumte sich drohend über ihm auf. Die Vorderhufe schlugen zu. Gable rollte sich blitzschnell zur Seite. Sprang auf. Mit der Schnauze stieß der Hengst ihn nochmals um.

Schnitt auf Marilyn, die sich ängstlich an Monty Clifts Schulter lehnte. »Hilf ihm«, rief sie.

Clift tat nichts dergleichen. Diesen Kampf wollte und musste Gable allein bestreiten.

Er hängte sich dem Pferd um den Hals. Es schüttelte ihn ab. Er versuchte es ein zweites, ein drittes Mal. Der Mustang gebärdete sich wie verrückt. Schnitt auf Marilyn. Sie konnte das nicht mit ansehen und lief zum Truck.

»Cut!« Huston unterbrach.

Gable war erschöpft, sein Atem ging rasend. Er wurde aus der Gefahrenzone geholt, während vier Cowboys das

Wildpferd in die Enge trieben und vom Set fortbrachten. Das dressierte Pferd wurde präpariert und zum Drehort geführt. Es fehlte noch die Szene, in der Clark Gable das Pferd zu Fall brachte.

Clark lehnte das Wasser ab, das man ihm anbot, und trank noch einen Whisky. »Bin bereit, John«, keuchte er.

»Willst du dich nicht ein paar Minuten ausruhen?«, schlug Huston vor.

»Wenn ich mich ausruhe, merke ich, was mir alles weh tut. Komm, Buddy, bringen wir es hinter uns.« Gable hinkte zum Set.

»Okay. Aber wenn du dich nicht gut fühlst, brich sofort ab«, rief Huston.

»Was habt ihr denn alle?« Gable wurde wütend. »Wir drehen einen Film, also lasst uns das jetzt tun. Ich soll ein Pferd zu Fall bringen, schön und gut. Hier bin ich, da ist das Pferd. Also lass uns drehen.«

Huston gab nach. Die Klappe fiel. Gable hängte sich dem Pferd um den Hals und zwang es mit Kräften, die nicht gespielt waren, die den ganzen Schauspieler, den ganzen Menschen verlangten, in die Knie. Die Szene dauerte quälend lange, bis das Tier endlich umfiel. Gable war am Ende seiner Kräfte. Schwer atmend legte er sich über den Hengst, den er bezwungen hatte.

Die entscheidende menschliche Szene drehte Huston direkt im Anschluss. Dazu ließ er die Kamera ohne Schnitt weiterlaufen. Gable brauchte seine totale Erschöpfung nicht zu spielen. Er kam auf die Beine, nahm das Seil auf und stolperte zum Lastwagen. Dort band er das besiegte Pferd fest. Am Rand einer Ohnmacht setzte er sich auf das Trittbrett. Doch plötzlich stand er wieder auf, nahm sein Messer und schnitt den Strick durch. Der Hengst rannte in die Wüste davon.

»Warum hast du ihn dann überhaupt eingefangen?«, rief Eli Wallach.

Kaum noch bei Sinnen, sprach Gable seine Textzeile: »Ich bin fertig mit allem. Ich muss einen anderen Weg finden, um mich lebendig zu fühlen. Wenn es diesen Weg überhaupt gibt.«

Marilyn trat auf ihn zu, mit Augen voller Liebe. Ihr Gefühl galt der Rolle, die Gable spielte, es galt aber auch dem Mann, den sie von Kindesbeinen an bewunderte.

Bald nach Ende der Dreharbeiten erlitt Clark Gable einen schweren Herzinfarkt. Im Krankenhaus ereilte ihn der zweite Infarkt. Er starb nachts. Seine Frau Fay war bei ihm.

29

Sie standen in der kühlen Nachtluft. Rund um sie war nichts vom Glamour des Broadways zu spüren. Man glaubte nicht einmal, in New York zu sein, sondern auf einem namenlosen Hinterhof, voller Müll, Glasscherben und maroden Fassaden.

Paula versuchte, Marilyn ein letztes Mal zurückzuhalten. »Du willst das wirklich machen? Warum denn nur?«

»Findest du es nicht lustig?« Marilyn zog den Trenchcoat aus und gab ihn Paula.

»Ich finde, es ist genau das Klischee, das du ein Leben lang abzustreifen versuchst.«

»Lass mich in Ruhe«, entgegnete Marilyn gutgelaunt. »Es ist ein Uhr nachts. Meine Freunde haben den ganzen Abend auf mich gewartet. Ich finde, da haben sie sich eine Belohnung verdient. Wer kümmert sich da schon um Klischees?«

»Hör doch …«

»Lass mich zufrieden.« Marilyn nahm auch das Kopftuch ab. »Ich brauche dich dazu, Paula. Du musst Michael Bescheid geben.«

Die schwarzgekleidete Frau zog den Mantel enger um die Schultern. »Ich weiß nicht …«

»Aber ich weiß.« Resolut nahm Marilyn ihre Schauspiellehrerin an der Hand, öffnete die Hintertür und betrat die Küche von *Michael's*. Bis auf ein Licht über der Spüle war alles dunkel.

»Keiner da, sehr gut«, kicherte Marilyn. »Wir können loslegen.«

»Marilyn –«

»Spar dir jedes Wort.« Sie schlich zur doppelflügeligen Schwingtür, durch die die Speisen ins Restaurant gebracht wurden. Jeder Flügel hatte ein halbrundes Fenster, wodurch sich in der Mitte ein gläserner Kreis ergab. Vorsichtig schob Marilyn ihren Kopf davor.

»Michael sitzt an der Bar«, flüsterte sie.

»Wie soll ich ihn von hier aus kontaktieren?« Umständlich trat Paula neben sie.

»Jetzt reicht es mir aber mit deiner Meckerei«, zischte Marilyn. »Wozu bist du überhaupt gut?«

Paula verschlug es die Sprache.

»Dann mache ich es eben selbst.« Marilyn öffnete die Schwingtür einen Spaltbreit.

Da Paula die Tür zum Hinterhof nicht geschlossen hatte, drang ein kühler Luftzug in die Küche und von dort ins Restaurant. Der Luftzug bewegte die Papiere, über denen Michael saß. Überrascht drehte er sich um. Hinter der Schwingtür war eine Silhouette zu erkennen. Er warf einen Blick zu der beleuchteten Nische. Die Gesellschaft war inzwischen wieder fast komplett. Joe und Larry hatten vorhin an die Tür geklopft. Als Michael ihnen aufsperrte, stand zu seiner Überraschung ein Streifenwagen draußen. Fröhlich hatte sich Joe von zwei Polizisten verabschiedet und war mit Larry eingetreten. Sir Laurence fröstelte und hatte einen Tee bestellt.

Michael konnte sich die bewegte Schwingtür nicht erklären. Es kam ihm unwahrscheinlich vor, dass jemand vom Personal zurückgekommen war. Auch erwartete er weder seine Frau noch seine Tochter um diese Zeit in der Küche. Eine Ahnung beschlich ihn, die er gleich wieder abtat. Es war zu unwahrscheinlich, wenn nicht unmöglich. Vielleicht war die Tür zum Hof von selbst aufgegangen. Er erhob sich und lief unbemerkt zum Kücheneingang, drückte ihn auf und trat in das Dämmerlicht. In seinem Rücken schwang die Tür zurück.

»Hallo?«, rief Michael leise.

»Psst«, kam es aus der Ecke.

»Wer ist da?«

»Michael, sagen Sie kein Wort.« Eine Frau trat aus dem Schatten, eine Frau in einem dunkelblauen glitzernden Kleid.

»Miss Mon ... Ja, du lieber ... Sind Sie es wirklich?«, stammelte er.

»Da Sie meine Geburtstagsfeier ausgerichtet haben, sollten Sie wissen, wer das Geburtstagskind ist.« Lächelnd kam sie näher.

In seiner Verwirrung beugte sich der höfliche Italiener über Marilyns Hand und küsste sie. »Wieso kommen Sie ausgerechnet dort herein? Soll ich den anderen Bescheid geben, dass Sie da sind?«

»Unterstehen Sie sich.« Marilyn hielt seine Hand fest. »Was glauben Sie, warum ich durch die Hintertür komme?«

»Ich weiß nicht.« Ihr verschmitzter Ausdruck, ihre genussvoll gesenkten Lider brachten ihn auf die richtige Spur. »Ach, Sie wollen – Sie haben vor ...?«, fragte er ungläubig.

»Ich rate dir noch einmal, tu es nicht.« Paula Strasberg war unbemerkt so nahe neben Michael getreten, dass er erschrocken zusammenfuhr.

»Ah! Wer sind Sie?«

»Psst, Michael, es soll eine Überraschung sein«, säuselte Marilyn. »Haben Sie das *besondere Etwas* vorbereitet, worum ich Sie gebeten habe?«

»Ma certo, natürlich. Ich dachte, ich soll es erst präsentieren, wenn Sie da sind.«

»Ich bin ja da, Michael«, lachte sie. »Und wir präsentieren es gemeinsam.«

»Wie Sie wollen, Miss Monroe.« Überfordert, zugleich animiert von ihrem Plan, wandte sich Michael zur Kühlkammer. »Bitte sehen Sie selbst.« Er öffnete die Metalltür und machte Licht. »Tutto pronto.«

Überrascht und begeistert bestaunte Marilyn das Meisterwerk. »O Michael, das ist großartig! Sie sind wirklich ein Könner Ihres Fachs.«

»Grazie, Miss Monroe. Molto grazie.«

»Sagen Sie Marilyn zu mir«, gurrte sie. »An meinem sechsunddreißigsten Geburtstag komme ich mir sonst uralt vor.«

Er lachte über das ganze Gesicht. »Sie doch nicht, Marilyn, Sie werden immer jung sein. Für alle Ewigkeit.«

Darauf gab sie ihm einen kleinen Kuss mitten auf den Mund. »Grazie, Michele. Sie sind süß.« Marilyn strubbelte die wenigen Haare, die er noch auf dem Kopf hatte, und trat in den Kühlraum. »Jetzt frage ich mich nur −« Sie sah Paula an. »Soll ich mich ausziehen?«

»Nein! Nein, bitte nicht«, widersprach die Frau in Schwarz mit erhobener Stimme. »Da drüben sitzt deine Mutter!«

»Mama war die Erste, die mich so gesehen hat.« Marilyn giggelte vor unbändiger Freude. »Zeigen Sie mir, was ich zu tun habe, Michael.«

***

»Ich sollte allmählich los.« Sir Laurence hatte den Tee ausgetrunken, er konnte kaum noch die Augen offen halten. »Mein erster Termin ist morgen um acht.«

Man sah Billy die Enttäuschung an. »Ich fürchte, du hast recht. Dabei war ich absolut sicher, dass sie kommt.«

»Nichts ist bei Marilyn sicher.« Larry zog die Brieftasche und sah sich nach Michael um.

»Es ist alles schon bezahlt«, meldete sich Joe.

»Du hast …?« Auf das scheue Lächeln Joes bedankte sich Sir Laurence. Als er zu seinem Mantel wollte, stieß er gegen den Rollstuhl. Gladys ließ einen Seufzer hören. »Entschuldigen Sie bitte, Mrs Eley.«

Er bekam keine Antwort.

Larry wandte sich zur Pflegerin. »Es ist wohl das Beste, Sie bringen Marilyns Mutter jetzt zu Bett.«

Miss Ritter hatte einen seligen Glanz in den Augen und leuchtend rote Wangen. »Schade, ich hätte Marilyn gern gesehen.«

»*Sie?* Sie hätten sie gern gesehen?«, fragte Larry überrascht. »Sollten Sie sich nicht darum kümmern, dass Mrs Eley ihre Tochter sieht?«

»Das wäre verlorene Liebesmüh. Heute Nacht kriegt die gute Gladys nichts mehr mit.« Sie kam von ihrem Stuhl hoch. »Ich bringe sie jetzt nach Hause.«

»Darf ich Ihnen helfen?«, fragte Joe. »Ich rufe ein Taxi.«

»Das wäre nett.«

»Wo ist nur Michael abgeblieben?«

Ein lauter Knall. Alle fuhren zusammen.

Billy Wilder hatte mit der flachen Hand auf den Tisch geschlagen. »So eine Scheiße!«, rief der kleine Mann mit dem seltsamen Akzent und der Zigarre. »Welcher Mensch macht so etwas? Wer versetzt eine ganze Gesellschaft, die zum Teil um die halbe Welt gereist ist, auf seinem eigenen Geburtstag?« Er sprang auf. »Das war das letzte Mal, dass ich den Mist mitmache. Ich lasse mir von Marilyn nicht mehr auf der Nase herumtanzen.«

Während die anderen überrascht schwiegen, wurde es plötzlich hell im *Michael's*. Das Restaurant erstrahlte im Licht.

»Was ist jetzt wieder los?« Alle sahen sich um.

Die Schwingtür wurde aufgedrückt, herein trat Paula Strasberg. Gerade als sie sich erkundigen wollten, wo sie so lange geblieben sei und ob es etwas Neues von Marilyn gebe, tauchte ein sonderbares Ding aus der Küche auf. Das Ding stand auf Rädern und wurde von Michael persönlich hereingeschoben.

»Michael, nein, das bringt doch nichts!«, rief Billy. »Es macht keinen Sinn, die Torte anzuschneiden, solange das Geburtstagskind nicht da ist. Und wir sind der Meinung, dass sie nicht mehr kommen dürfte.«

Wortlos lief Michael zur Musikanlage, die sonst leise Untermalungsmusik spielte. Eine Platte lag schon auf dem Teller. Er setzte die Nadel darauf.

»Was machen Sie da, Michael?«, meldete sich auch Joe.

Billy Wilder gewann seine füchsische Schläue zurück. Er musterte die Torte, er hörte die Musik. »Abwarten, Freunde«, rief er in die Runde. »Immer abwarten.«

»Abwarten, wieso?«, fragte Joe.

»Ich habe eine Ahnung, dass unser zu Scherzen aufgelegter Star im Begriff ist, mir einen Gag aus meinem Film zu klauen.«

»Welchen?«, fragte Joe.

»*Some Like It Hot.*«

»Nicht den Film, ich meine, welchen Gag will sie dir klauen?«

Billy legte die Zigarre in den Aschenbecher. »Jetzt bin ich gespannt.«

»Ein bildschöner Kuchen«, ging Miss Ritter dazwischen. »Sobald wir den angeschnitten haben, könnte ich vielleicht ein Stück für mich und Gladys mitnehmen? Sie isst zum Frühstück gern etwas Süßes.«

»Hört mal, die Musik!«, rief Billy.

Auf der Platte war ein alter Song zu hören, den ein schmalziger Tenor vortrug.

»Five foot two, eyes of blue,
but oh, what those five foot could do
Has anybody seen my girl?«

Im nächsten Moment erloschen die Lampen im *Michael's* wieder. Der Besitzer schob die große Torte in die Mitte, wo sie von einem Scheinwerfer erfasst wurde.

»Could she love, could she woo,
could she could she could she coo —«,
schmetterte der Tenor.

Nur Billy vermochte seine Überraschung einigermaßen zu beherrschen, als Marilyn Monroe aus der Torte sprang.

Joe DiMaggio sank die Kinnlade herab. In Larrys Blick lag der Zauber des Theatermenschen, der einer Komödiantin Respekt zollte. Die beduselte Miss Ritter hielt die Hand vor den Mund und lachte aus vollem Hals. Nur Marilyns Mutter blieb bewegungslos sitzen. Mit erhobenem Blick betrachtete sie ihre Tochter, die mit ihrer berühmten, zitternden Stimme die letzte Strophe des Schlagers mitsang.

»Five foot two, eyes of blue,
but oh, what those five foot could do

Has anybody seen my girl?«

Während die Musik noch spielte, begannen alle zu applaudieren. Billy, Joe, Larry, Miss Ritter, Michael und sogar Paula klatschten. Marilyn wiegte sich genießerisch im Scheinwerferlicht, als umschmeichelte sie eine Meeresbrise. Sie zeigte ihr umwerfendes Lachen, die makellosen Zähne, den perfekt geschminkten Mund. Ihre gesenkten Lider hatten etwas von einer Schlafwandlerin, die oft gestürzt war, sich aber immer wieder erhoben hatte. Sie lachte, sie war glücklich.

Ehe der Song endete, streckte Marilyn beide Arme aus. Joe und Larry stürzten herbei und halfen ihr, aus der Torte zu klettern, die dabei ziemlich ramponiert wurde.

Auf Billys Wink setzte ein anderes Lied ein.

»For she's a jolly good fellow,
for she's a jolly good fellow,
which nobody can deny!«

Die Runde sang, während Marilyn von einem zum anderen lief, jeden umarmte, küsste, sich an jeden schmiegte, sogar an Miss Ritter. Ihrer Mutter drückte sie einen Kuss auf die Stirn.

Niemand ist wie sie, dachte Sir Laurence. Niemand außer ihr hat diese besondere Ausstrahlung voll unbewusster Klugheit. Niemand bringt die Filmleinwand so zum Strahlen. Sie besitzt eine Leuchtkraft aus Sehnsucht, Glanz und Verlangen wie kein anderer Mensch auf der Welt.

Sie ist die größte Liebesgöttin der Geschichte, dachte Billy Wilder. Auch andere Frauen besaßen Kurven und ein entwaffnendes Lächeln. Es lag wahrscheinlich an Marilyns Schwächen, dass sie so unwiderstehlich war. Ihre Angst, niemals zu genügen, ihr kindliches Schutzbedürfnis schufen das Geheimnis, das sie umgab. Schmunzelnd beobachtete er, wie Marilyn die Glückwünsche entgegennahm. Der Umstand, dass sie all diese Menschen sechs Stunden hatte warten lassen, war vergessen.

»O Marilyn«, flüsterte Joe. »Du machst mich stolz, ein Mann zu sein.«

Das Geburtstagskind beendete seinen Reigen aus Begrüßung und Gratulation. Glänzend, fein und zerbrechlich, ließ sich Marilyn an den Tisch führen. Michael öffnete den Champagner. Jeder erhob sein Glas.

Während sie *Happy Birthday* anstimmten, hörte man Unruhe aus der Küche. Lichter geisterten hinter der Schwingtür umher. Michael fiel als Erstem auf, dass vor dem Lokal Wagen hielten und kreisendes Blaulicht die Straße erhellte. Der letzte Gast des Abends kam nicht durch die Vordertür. Offiziell war er gar nicht anwesend. Als Vorhut erschienen drei Herren in dunklen Anzügen aus der Küche.

Der Gesang in der Nische verstummte. Der Gesellschaft wurde klar, dass etwas Ungewöhnliches vor sich ging.

Marilyn stand auf und trat mitten in den Raum. »Wer kommt denn noch?«, fragte sie ein wenig scheu.

Zwei der Anzugträger hielten die Schwingtür auf.

Er trat ein. Er kam auf sie zu. Er wünschte ihr alles Gute zum Geburtstag und umarmte sie flüchtig.

»*Happy birthday*, Marilyn.«

»Danke, Mister Pres…«

Bevor sie es aussprechen konnte, legte er ihr den Finger auf den Mund. Marilyn verstand. Kurz darauf ging er wieder. Er war nie hier gewesen, es durfte nicht wirklich sein. Es war eben ein Traum, einer der vielen Träume dieser unvergesslichen Nacht.